POLYGLOTT

NIEDERLANDE

ON TOUR

DER AUTOR

WOLFGANG RÖSSIG

studierte Literaturwissenschaften und Kunstgeschichte. Liebt Vermeer, Amsterdams »braune Kneipen«, Wohnboote, jungen Hering, die indonesische Rijstafel und die Dünenstrände von Texel und Schiermonnikoog. Er freut sich seit Jahren über milde Winter – ohne die anstrengende Elfstedentocht (eine verlorene Wette) – und übt bis heute die korrekte Aussprache von »Ik ben stapelgek op jou«.

Unser E-Book-Code zur elektronischen Erweiterung des POLYGLOTT on tour. Das kostenlose E-Book enthält die im Reiseführer aufgeführten Adressen entlang der Touren, beispielsweise zu Essen und Trinken, Shoppen, Aktivitäten und Hotel-Tipps. Links auf einen externen Kartendienst vereinfachen das Auffinden dieser Adressen.

WWW.POLYGLOTT.DE

SEITENBLICK

26 Niederlande persönlich
71 Radtouren
102 Tulpen

ERSTKLASSIG

31 Kuriose Nachtquartiere
37 Die schönsten Parks und Gärten
43 Stilvolle Spitzenküche
98 Nostalgische Strandbäder
111 Die besten Märkte
128 Kunst im Grünen
137 Gratis entdecken

ALLGEMEINE KARTEN

4 Übersichtskarte der Kapitel
34 Die Lage der Niederlande

REGIONEN-KARTEN

62 Der Norden
80 Badeküste Süd
83 Badeküste Nord
116 Landesmitte
135 Dreiländereck
145 Limburg und Noord-Brabant

STADTPLÄNE

50 Amsterdam
99 Leiden
104 Haarlem

6 TYPISCH

8 Die Niederlande sind eine Reise wert!
11 Was steckt dahinter?
12 50 Dinge, die Sie ...
159 Meine Entdeckungen
160 Checkliste Niederlande

20 REISEPLANUNG & ADRESSEN

22 Die Reiseregion im Überblick
23 Klima & Reisezeit
23 Anreise
24 Reisen im Land
28 Sport & Aktivitäten
30 Unterkunft
152 Infos von A–Z
155 Register & Impressum

32 LAND & LEUTE

34 Steckbrief
36 Geschichte im Überblick
37 Natur & Umwelt
38 Kunst & Kultur
40 Feste & Veranstaltungen
42 Essen & Trinken
158 Mini-Dolmetscher

SYMBOLE ALLGEMEIN

 Erstklassig: Besondere Tipps der Autoren

 Seitenblick: Spannende Anekdoten zum Reiseziel

Top-Highlights und

 Highlights der Destination

44 TOUREN & SEHENSWERTES

46 AMSTERDAM
47 Tour ❶ Altstadtspaziergang
49 Tour ❷ Hafengebiet im Wandel
52 Tour ❸ Stippvisite bei den Alten Meistern
56 Ausflüge

57 DER REIZVOLLE NORDEN
59 Tour ❹ Friesische Impressionen
59 Tour ❺ Seitenwind auf Terschelling
61 Unterwegs im Norden
73 Unterwegs auf den Watteninseln

77 HOLLANDS LANGE BADEKÜSTE
79 Tour ❻ Delta mit Vergangenheit
81 Tour ❼ Alte Handelsstädte mit jungem Schwung
82 Tour ❽ Zwischen Dünen und Deichen
84 Unterwegs an Hollands Badeküste

113 DIE EINDRUCKSVOLLE LANDESMITTE
115 Tour ❾ Die Hansestädte an der IJssel
116 Tour ❿ Überraschendes Flevoland
118 Unterwegs in der Landesmitte

132 DER VIELFÄLTIGE SÜDEN
134 Tour ⑪ Hügeliges Dreiländereck
135 Unterwegs im Süden

146 EXTRA-TOUREN
147 Tour ⑫ Entdeckerwoche an der Nordseeküste
148 Tour ⑬ Eine Woche Hansepracht und hohe Kunst
149 Tour ⑭ Vier Tage voller blühender Attraktionen
151 Tour ⑮ Ein langes Wochenende auf der Oranierroute

TOUR-SYMBOLE		PREIS-SYMBOLE	
❶	Die POLYGLOTT-Touren	Hotel DZ	Restaurant
6	Stationen einer Tour	€ bis 75 EUR	bis 30 EUR
📖 A1	Die Koordinate verweist auf	€€ 75 bis 140 EUR	30 bis 60 EUR
	die Platzierung in der Faltkarte	€€€ über 140 EUR	über 60 EUR
📖 a1	Platzierung Rückseite Faltkarte		

TOP-12-HIGHLIGHTS

1 RIJKSMUSEUM, AMSTERDAM > S. 52

2 PLANETARIUM EISE EISINGA, FRANEKER > S. 66

3 TEXEL > S. 73

4 KINDERDIJK > S. 91

5 PRINSENHOF, DELFT > S. 96

6 MAURITSHUIS, DEN HAAG > S. 97

7 GRACHT RAPENBURG, LEIDEN > S. 101

8 KEUKENHOF > S. 101

9 NOORDHOLLANDS DUINRESERVAAT > S. 106

10 ZUIDERZEEMUSEUM, ENKHUIZEN > S. 110

11 MARKEN > S. 112

12 NATIONALPARK DE HOGE VELUWE > S. 123

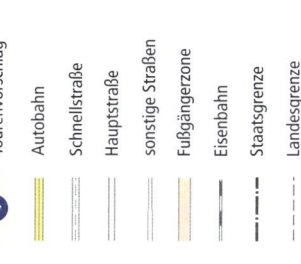

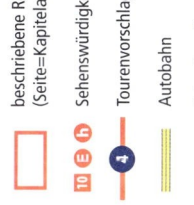

ZEICHENERKLÄRUNG DER KARTEN

- beschriebene Region (Seite=Kapitelanfang)
- **10 E h** Sehenswürdigkeiten
- **4** Tourenvorschlag
- Autobahn
- Schnellstraße
- Hauptstraße
- sonstige Straßen
- Fußgängerzone
- Eisenbahn
- Staatsgrenze
- Landesgrenze
- Nationalparkgrenze

Amsterdamer wohnen sowohl
am als auch auf dem Wasser

TYPISCH

DIE NIEDERLANDE SIND EINE REISE WERT!

Welkom! Ein paar Schritte vom Amsterdamer Hauptbahnhof tobt das holländische Leben. Eigentlich gibt es nichts Schöneres, als sich ziellos durch diese Stadt treiben zu lassen. Aber es locken noch viele Kunst- und Architekturmetropolen, weite Nordseestrände und Flusslandschaften.

WOLFGANG RÖSSIG
studierte Literaturwissenschaften und Kunstgeschichte. Liebt Vermeer, Amsterdams »braune Kneipen«, Wohnboote, jungen Hering, die indonesische Rijstafel und die Dünenstrände von Texel und Schiermonnikoog. Er freut sich über milde Winter ohne Elfstedentocht und übt bis heute die korrekte Aussprache von »Ik ben stapelgek op jou«.

So fing sie an, meine Leidenschaft für Holland, pardon die Niederlande: mit einer spontanen Zugfahrt nach Amsterdam. Staunen über die holländische Toleranz im Rotlichtviertel De Walletjes und in den bunt bemalten Coffeeshops, schließlich das verheißungsvolle Lächeln einer einheimischen Radfahrerin, die erst wie bei einem Fotoshooting über eine Brücke fuhr – und dann mir über die Zehen. Meine erste Nacht in Amsterdam endete am frühen Morgen auf einem Wohnboot und sorgte für viele, viele weitere Zugfahrten in die Grachtenmetropole.

Richtig planen mag ich auch heute eine Reise in die Niederlande nicht. Warum auch, alles ist so herrlich unkompliziert. Am besten mietet, nein, kauft man sich ein gebrauchtes, möglichst ramponiert aussehendes »Oma-Fiets«, denn eine Gangschaltung ist im platten Amsterdam überflüssig, und geklaut wird es dann (vielleicht) auch nicht. Noch besser ist natürlich ein »Waterfiets«, das man am Leidseplein mieten kann. Damit kommt man in die kleinen Nebengrachten und kann in aller Ruhe Giebelstudien betreiben, ohne sich ständig durch das Autogewühl am Grachtenufer schlängeln zu müssen. Mit der Museumskaart sind auch spontane Rendezvous mit Rembrandt und Van Gogh kein Problem.

Mein Lieblingsbild hängt allerdings nicht in Amsterdam, sondern im Mauritshuis von Den Haag. Vermeers »Mädchen mit dem Perlenohrring« wäre allein Grund genug, dem Regierungssitz der Niederlande einen Besuch abzustatten, am besten im Mai, um Ende des Monats auch gleich den jungen Hering am Schwanz packen zu können. Nirgendwo schmeckt der frische Matjes besser als vor dem Parlament der Niederlande oder am Strand von Scheveningen.

Nur einen Katzensprung von Den Haag entfernt liegt Delft. Immer wieder gerne spaziere ich durch die beschauliche kleine Stadt mit ihren schönen Patrizier- und Kontorhäusern, ihren verträumten Grachten, gewölbten Brücken und engen Gassen: auf der Spurensuche nach der vielleicht berühmtesten Stadtsilhouette der Kunstgeschichte und einem erschwinglichen Stück Delfter Porzellan.

Der Mai ist überhaupt der schönste Monat in den Niederlanden. Bilden wir einen Satz mit drei »den« und nehmen wir den Zug von Den Haag nach Den Helder an der Nordspitze Hollands. Das sind nicht einmal zwei Stunden, bzw. wären es, wenn es nicht so viele Gelegenheiten zum Aussteigen gäbe. Der erste Stopp kommt schon nach einer halben Stunde, denn an dem Grachtenidyll von Leiden kann man natürlich nicht achtlos vorbeifahren. Zwischen Leiden und Haarlem ziehen die farbenfrohen Tulpenteppiche am Zugfenster vorbei. Viel zu schnell ist Hollands schönste Einkaufsstadt erreicht, in der Frans Hals, der unübertroffene Porträtmeister des Goldenen Zeitalters, die Weiterfahrt verzögert. Wieder eine halbe Stunde später wartet Alkmaar mit seinem berühmten Käsemarkt, ein wenig Postkartenkitsch, aber doch ein Erlebnis.

Erst hinter Alkmaar entlässt das alte kunstsinnige Holland den Besucher. Nach einem kurzen Hüpfer mit der Fähre von Den Helder lockt Natur pur: die herrliche Dünenlandschaft der westfriesischen Insel Texel. Trällernde

Am Oudezijds Voorburgwal lässt es sich bestens entspannen

Der Leuchtturm von Texel ist eine weit strahlende Schönheit

Lerchen und verblüffend viel Einsamkeit begleiten den Wanderer, und die Sonnenuntergänge sind vom Feinsten. Wie wohl Vermeer, der wie kaum ein anderer mit Licht und Schatten, mit dem Spiel von Sonne und Wolken zu zaubern verstand, den Frühlingshimmel der Nordsee gemalt hätte?

Von Texel könnte man nun von einer Insel zur nächsten hüpfen, die Langsamkeit in den schönen Städten und Dörfern Frieslands entdecken und mit dem Zug in zwei Stunden von Leeuwarden nach Arnhem am Rhein fahren, mitten im herrlichen Nationalpark Hoge Veluwe im Kröller-Müller-Museum einige der schönsten Bilder von Vincent van Gogh bewundern, und schon eine Stunde später wäre man in Rotterdam. Totaler Szenenwechsel: In Europas wichtigster Hafenstadt setzen berühmte Architekten wie Rem Kohlhaas, Norman Foster, Renzo Piano ihre atemberaubenden Projekte um. 2014 eröffnete die vom Rotterdamer Architekturbüro MVRDV erbaute avantgardistische Markthalle, einer bunte Fruchtbombe ähnlich, in der man aber sogar noch wohnen kann.

Zu guter Letzt ist da noch eine Stadt, die ein wenig aus dem niederländischen Rahmen fällt: Maastricht, das viele Menschen nur wegen des gleichnamigen EU-Vertrags kennen, vielleicht weil es etwas abseits im Dreiländereck der Niederlande, Belgiens und Deutschlands liegt. Fast ein Geheimtipp also, dabei ist Maastricht eine der schönsten Städte des Landes, mit einer fast südländisch-heiteren Atmosphäre. Europa von seiner besten Seite.

WAS STECKT DAHINTER?

Die kleinen Geheimnisse sind oftmals die spannendsten. Hier werden die Geschichten hinter den Kulissen erzählt.

WARUM GIBT ES HAKEN AN DEN GIEBELN?

Wer an Amsterdams Grachten Giebelstudien betreibt, wird feststellen, dass kein Giebel dem anderen gleicht. Doch ein Element weisen eigentlich fast alle Treppen-, Schnabel-, Glocken-, Hals-, Flaschen- oder Leistengiebel auf: den Hijsbalk, der weit oben aus der Giebelspitze herausragt. An ihm lässt sich nämlich ein Flaschenzug befestigen, der dringend benötigt wird, denn über die engen steilen Stiegen lassen sich sperrige Möbel nicht transportieren. Umzüge sind daher in Amsterdam immer spannend anzusehen.

WIE KOMMT MAN AN EIN WOHNBOOT?

Über 2400 Hausboote dümpeln noch immer in den Grachten von Amsterdam, etwa 750 in der Innenstadt. Neue Liegelizenzen werden nicht mehr erteilt, die Nachfrage aber ist da. Wer also ein Hausboot kaufen möchte, wird schnell feststellen, dass auch hier erst einmal die Lage zählt. In schönster Grachtenlage kann man daher schnell eine halbe Million Euro loswerden, Tendenz steigend. Preiswert ist das Leben auf den restaurierten flachen Lastkähnen allerdings auch so nicht mehr, dafür jedoch erstaunlich geräumig und mit Strom- und Was-

seranschluss durchaus komfortabel. Wie es sich auf so einem Hausboot lebt, demonstriert das »Woonbootmuseum« c1, das in der 1913 gebauten Hendrika Maria eingerichtet wurde, das einzige Museum seiner Art weltweit (Prinsengracht 296, Amsterdam, www.houseboatmuseum.nl). Übrigens gibt es solche Wohnboote nicht nur in Amsterdam, sondern z. B. auch in Rotterdam, Utrecht oder Groningen.

WER HAT DIE LIZENZ ZUM KIFFEN?

Der Konsum »weicher« Drogen wie Cannabis ist eigentlich auch in den Niederlanden nicht legal, wird aber in geringen Mengen (bis 5 g für Personen ab 18 Jahren) geduldet. Zur Eindämmung des Coffeeshop-Tourismus beschloss 2011 die damalige Regierung die landesweite Einführung eines »Wietpas« genannten Klubausweises. Nach heftigen Protesten ruderte die 2012 neu gewählte Regierung zurück. So wurde in Zeeland, Nordbrabant und Limburg der Ausweis zwar 2012 eingeführt, dann aber wieder abgeschafft. Allerdings soll Personen, die ihren Hauptwohnsitz nicht in den Niederlanden haben, der Einlass in die Coffeeshops verwehrt werden. Wie das kontrolliert wird, entscheiden die Gemeinden. Amsterdam setzt auf die einfachste Lösung: gar nicht!

50 DINGE, DIE SIE ...

Hier wird entdeckt, probiert, gestaunt, Urlaubserinnerungen werden gesammelt und Fettnäpfe clever umgangen. Diese Tipps machen Lust auf mehr und lassen Sie die ganz typischen Seiten erleben. Viel Spaß dabei!

... ERLEBEN SOLLTEN

1 Strandsegeln Wenn auf Vlieland › S. 75 eine steife Brise weht, und das tut sie meist, dann flitzen die *blokarts* des Outdoor Centers 📖 F2 pfeilschnell über den breiten Inselstrand (1/2 Std. ca. 30 Euro, www.vlielandoutdoorcenter.nl).

2 Rheinradeln Garantiert kein Reinfall, denn das *fiets* (Fahrrad) ist in den Niederlanden König › S. 71. Der 260 km lange niederländische Abschnitt des Rheinradwegs führt durch eine Landschaft, wie von alten Meistern gemalt. Folgen Sie der Markierung LF 17 mit der Beschriftung *Rijnfietsroute* von Millingen bis nach Hoek van Holland.

3 Waterfietsen In einem Tretboot durch die Grachten zu schippern, ermöglicht Canal Bike 📖 F9 seinen Kunden (Juli/Aug. tgl. 10–20, März–Juni, Sept./Okt. Fr–So 10–18 Uhr, Oudegracht 167, Utrecht, Tel. 020/217 05 01, www.canal.nl; 1 1/2 Std. 9,50 Euro).

4 Sonnenblumen mit Cocktail Freitagabends steigt im Van Gogh Museum › S. 53 eine Party. Auch die Ausstellungsräume sind bis 21 Uhr geöffnet, sodass Sie die Meisterwerke dort in Ruhe genießen können.

5 Friesland per Hausboot Ab 1000 Euro pro Woche kann man ein schwimmendes Ferienhaus mieten und damit gemächlich über Frieslands Wasserwege steuern. Bootsführerschein überflüssig (Friesland Boating Yachtcharter 📖 G4, De Tille 5–7, Koudum, Tel. 05 14/52 26 07, www.friesland-boating.de).

6 Kamikaze im Freizeitpark Duinrell Spaß und Adrenalin pur bieten die spektakulären Tunnelrutschen im Tikibad 📖 D8/9 (Wassenaar, Tel. 070/515 52 58, www.duinrell.nl, tgl. 10–22 Uhr, ab 17,50 Euro/Tag).

7 Splashtour Erst fährt der Bus über Rotterdams Straßen, dann stürzt er sich in die Fluten der Maas: perfekt, um die Skyline der Hafenstadt zu genießen. Abfahrt vor dem Maritiem Museum › S. 93 (Parkhaven 9, Rotterdam, Tel. 010/436 94 91, www.splashtours.nl, 26,50 Euro).

8 Abendliche Bootsfahrt Am romantischsten sind die Grachtentouren in Amsterdam › S. 54, wenn die Brücken und Häuser farbenfroh beleuchtet sind und auf den Hausbooten die Lichter flackern (tgl. 18–21 Uhr, Reederei Lovers 📖 b3, Prins Hendrikkade 25, Amsterdam, Tel. 020/530 10 90, www.lovers.nl, ab 16,50 Euro).

Blokarts flitzen über den Strand von Vlieland

9 Grachtennacht Die schöne MS Luctor ■ F7 schaukelt Sie sanft in den Schlaf. Das mit Mahagoni getäfelte und Sonnenenergie gepowerte *woonship* von 1913 liegt in einer ruhigen Gracht nordwestlich vom Hauptbahnhof (Westerdok 103, Amsterdam, Tel. 06/22 68 95 06, www.boatbed andbreakfast.nl).

10 Wadlopen Bei Ebbe vom Festland über die Waddenzee nach Ameland hinüberzulaufen, führt Wattwanderer durch Muschelbänke und tiefen Modder. Zurück geht es bequem mit der Fähre (Wadloopcentrum Fryslân ■ H2, Holwerd, Tel. 05 11/47 78 97, www.wadlopen.net).

11 Wildwasserfahrt Paddler können mit dem Kanu z. B. von Borgharen ■ H15 bei Maastricht die unge- zähmte, schifffahrtsfreie Grenzmaas und das Limburger Naturschutzgebiet erkunden (April–Okt., Kajak Tour Limburg Tel. 043/851 95 82, www.kajaktour limburg.nl, ab 14,50 Euro/Pers.).

... PROBIEREN SOLLTEN

12 Indonesische Rijstafel Das leckerste Erbe der niederländischen Kolonialzeit: Viele Tellerchen mit raffiniert gewürzten Spezialitäten der ungezählten Inseln Indonesiens gehören zur traditionellen Rijstafel. Tipp: mit Freunden genießen, z. B. im Klein Java in Sneek › S. 68.

13 Muscheln aus Zeeland Am besten fährt man von Yerseke › S. 88 auf dem Kutter mit raus zum Ernten und genießt später an Land die

Junger Hering ist Ende Mai sehr gefragt

knackfrische Delikatesse in einem Sud mit Knoblauch und Wein – dazu Fritten (Piet van Oost, Havendijk 36, Yerseke, Tel. 01 13/57 43 18, www.piet vanoost.nl).

⓮ Texelse lamsbout Der salzige Boden und die Seeluft von Texel › S. 73 sorgen dafür, dass die Keule vom Salzwiesenlamm besonders aromatisch schmeckt, z. B. bei Vincent Eilandkeuken █ E4 (Grensweg 386, Den Burg, Tel. 02 22/32 20 84, www.vincenteilandkeuken.nl).

⓯ Vla Der ziemlich flüssige Pudding zählt zu den beliebtesten Nachspeisen des Landes und wird sogar eimerweise im Supermarkt verkauft. Besonders gefragt ist *dubbelvla*, eine Kombination von Vanille und Schokolade, die erst beim Essen zusammenfließt.

⓰ Frischer Matjes Die Holländer packen ab Ende Mai den zarten jungen Frühlingshering »Hollandse

Nieuwe« am Schwanz und lassen ihn genüsslich in den Mund gleiten. Die schönste Kulisse für das Ritual bietet der Strand von Scheveningen › S. 98 beim Heringsfest Vlaggetjesdag am 2. Juniwochenende (www.vlaggetjesdag.com).

⓱ Lekker Pannekoeken Goldgelb, knusprig und so groß, dass sie über den Tellerrand hängen: Süß oder deftig belegte Pfannkuchen sind aus der niederländischen Küche nicht wegzudenken und werden im *pannekoekenhuis*, wie auf dem originellen Zweimastsegler 't Pannekoekschip › S. 61 serviert.

⓲ Oude Jenever Den Schnaps aus Wacholderbeeren genießt man besonders stilvoll im altmodischen *proeflokaal* (Probierstube) Wynand Fockink █ c2 von 1679 (Pijlsteeg 31, Amsterdam, Tel. 020/639 26 95, www.wynand-fockink.nl).

⓳ Uitsmijter Zu tief ins Geneverglas geschaut? Das niederländische Katerfrühstück »Rausschmeißer« – zwei Spiegeleier, Schinken und Weißbrot – wurde angeblich früher Zechern serviert, bevor man sie aus der Kneipe warf. Im Restaurant Morlang █ d1 gibt's »Uitsmijter met beenham en oude kaas« aber zum Lunch (Keizersgracht 451, Amsterdam, Tel. 020/625 26 81, www.morlang.nl).

⓴ Stamppot Eigentlich gibt es kein Rezept für diesen Eintopf. Kartoffeln, Gemüse und Fleisch oder Wurst sind auf jeden Fall dabei. Probieren Sie eine der Varianten bei

Haesje Claes 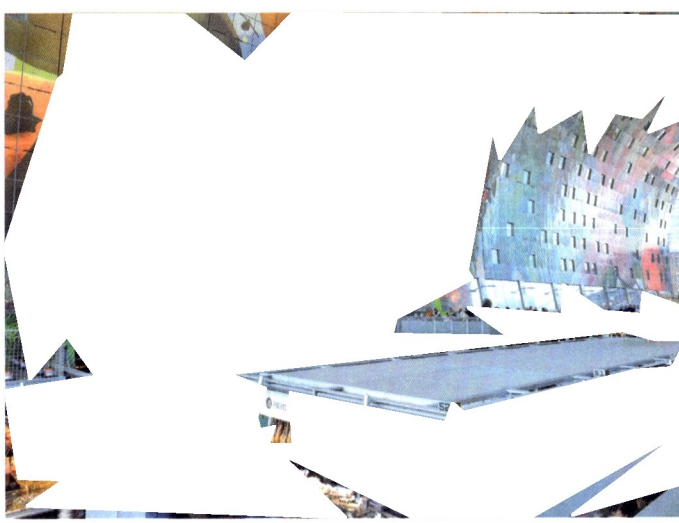 c2 (Spuistraat 273, Amsterdam, Tel. 020/624 99 98, www.haes jeclaes.nl).

21 **Erwtensoep** Zur dicken klassischen Wintersuppe aus Erbsen, Sellerie, Kartoffeln und Speck- oder Wurstwürfeln schmeckt ein mit Katenspeck belegtes Roggenbrood, etwa im Café Melief Bender ❚ D10 (Oude Binnenweg 134, Rotterdam, Tel. 010/414 54 56, www.meliefbender.nl).

... BESTAUNEN SOLLTEN

22 **Architektur satt** In der Markthal Rotterdam › S. 93 bilden 4500 Kunstpaneele an Decken und Wänden ein Füllhorn voller Obst, Gemüse und anderen frischen Produkten. Ob hungrig oder nicht, ein Besuch der Markthalle muss sein!

23 **Geheime Gärten** Am 3. Juniwochenende kann man in Amsterdam › S. 46 hinter die Fassaden von Grachtenhäuser blicken und staunen – über streng geometrische Barockgärten oder anarchistische Blütenmeere (www.opentuinendagen.nl).

24 **Mesdag-Panorama** Inmitten des 1680 m² großen Rundgemäldes von Hendrik Willem Mesdag in Den Haag › S. 97 blickt man wie von einer Düne auf Häuser, Kähne und Strand von Scheveningen.

25 **Kanalpanorama** Von der Brücke an der Amsterdamer Reguliersgracht ❚ e3 auf Höhe der Kerkstraat sind alle sieben Grachtenbrücken zu sehen.

26 **Hollands schönster Augenaufschlag** Vermeers »Mädchen mit

Die Markthalle in Rotterdam offeriert Augenschmaus und Gaumenfreuden gleichermaßen dem Perlenohrring« betört Besucher des Mauritshuis › S. 97 in Den Haag mit seinem Blick: Unschuldig, sinnlich und geheimnisvoll.

27 **Weltgrößte Windmühlen** Bis zu 33 m hoch sind die sechs Giganten von Schiedam ▮ D10, der einstigen Hauptstadt des Jenevers, für den hier Korn gemahlen wurde.

28 **Rembrandttulpen** Diese alte Tulpenart mit bizarrem Farbenspiel, für deren Zwiebeln man zu Rembrandts Zeiten Haus und Hof verspielte, wächst im historischen Garten des Keukenhofs › S. 101.

29 **Rot-blauer Stuhl** Im Rietveld-Schröder-Huis › S. 129 in Utrecht kann man ein mit strenger Geometrie und offener Struktur von Gerrit Rietveld geschaffenes funktionalistisches Schlüsselwerk der De-Stijl-Gruppe bewundern.

30 **Kleine Eiszeit** Hendrick Avercamps volkstümliche Winterlandschaften mit Eisläufern (17. Jh.) im Rijksmuseum › S. 52 erzählen von

Ein niederländischer Exportschlager ist Gouda in allen Varianten

einer Zeit, in der noch niemand an globale Erwärmung dachte.

31 **Schlacht in Delfter Blau** Eine der schönsten Fayencen von Delft zeigt im Prinsenhof › S. 97 die Schlacht von La Hogue, als eine englisch-holländische Flotte 1692 die Franzosen besiegte.

32 **Turmbau zu Babel** Das um 1553 entstandene Gemälde von Pieter Brueghel ist ein Highlight des Rotterdamer Museum Boijmans van Beuningen › S. 93.

33 **Amsterdam von oben** Die Bar Twenty Third  F7 im 23. Stock des Luxushotels Okura bietet einen spektakulären Blick auf Amsterdam (Ferdinand Bolstraat 333, Amsterdam, Tel. 020/678 71 11, www.okura.nl).

... MIT NACH HAUSE NEHMEN SOLLTEN

34 **Griene Tsiis** Gouda gibt es nicht nur jung, mittelalt und alt, sondern auch grün und in zig weiteren Varianten, jedenfalls im Verkauf von De Kaaskamer █ c1 (Runstraat 7, Amsterdam, Tel. 020/623 34 83, www.kaas kamer.nl).

35 **Alles Käse** Von wegen! Im Käsemuseum › S. 92 von Gouda sollte man sich einen Käsehobel kaufen, denn der erinnert zu Hause nicht nur beim Gouda an den Urlaub.

36 **Holzschuhe** Klischee? Natürlich, aber auch extrem praktisch, z. B. bei der Gartenarbeit. Eine riesige Auswahl handgeschnitzter, bunt bemalter Exemplare gibt es bei De Klompenboer/Wooden Shoe Factory █ c3 (Sint Antoniesbreestraat 39, Amsterdam, Tel. 020/427 38 62, www.wooden shoefactory.com).

37 **Tulpenzwiebeln** Es gibt sie natürlich in jedem Souvenirladen, doch am schönsten werden sie auf dem Amsterdamer Blumenmarkt am Singel › S. 56 präsentiert. Aus den unscheinbaren Zwiebeln sprießen im heimischen Garten Tulpen in prächtigen Formen und Farben.

Der Bloemenmarkt am Singel in Amsterdam bietet auch Blumensamen und Tulpenzwiebeln

38 Dropjes Nirgendwo auf der Welt naschen die Menschen mehr Lakritz als in den Niederlanden. Und es gibt die schwarzen *dropjes* mit Salmiak-, Anis- und Eukalyptusgeschmack, von süß bis salzig überall zu kaufen.

39 Leckereien aus Cranberries Auf Terschelling › S. 75 gedeihen die Beeren prächtig. In der Fabrik Cranberry Cultuur Skylge ▮ F2 werden sie zu herbsüßen Säften, Sirups und Marmeladen verarbeitet und verkauft (Mersakkersweg 5, Formerum, Tel 05 62/44 88 00 www.terschellinger cranberry.nl).

40 Nobeltje Nach Schokolade und Rum schmeckt dieser goldgelbe Likör von Ameland › S. 75, den man exklusiv im Hotel Nobel ▮ H1 kaufen kann. Am gleichen Ort wurde er vor über 100 Jahren erfunden (Gerrit Kosterweg 16, Ballum, Tel. 05 19/55 41 57, www.hotelnobel.nl).

41 Fliesenkunst Die 1946–1963 in der Klinkenberg Kunstaardewerkfabriek hergestellten *tegels* zeigen farbige Reliefs mit historischen Ansichten holländischer Bauwerke. Eine Auswahl der begehrten Sammlerstücke (ab 85 Euro) führt Kramer Kunst & Antiek ▮ d2, Prinsengracht 807, Amsterdam, Tel. 020/623 08 32, www. antique-tileshop.nl.

42 Jeans von Nukuhiva Die niederländische Reisejournalistin und TV-Moderatorin Floortje Dessing versöhnt Natur und Industrie. Ihre nachhaltigen, oft aus recycelten Materialen geschaffenen Kreationen sehen unverschämt gut aus (Jeans ab 65 Euro, Nuhukiva 📘 a2, Haarlemmerstraat 36, Amsterdam, Tel. 020/420 94 83, www.nukuhiva.nl).

... BLEIBEN LASSEN SOLLTEN

43 Rauchen im Coffeeshop Cannabis ja, Tabak nein. Den Glimmstängel muss man vor der Tür, den Joint darf man wiederum nur drinnen rauchen: Ordnung muss sein!

44 Fotos im Rotlichtbezirk Auf Streifzügen durch De Wallenwinkel lässt man Kamera oder Smartphone lieber in der Tasche. Die hier arbeitenden Damen schätzen Diskretion, die gegebenenfalls ein »Beschützer« recht rabiat durchsetzt.

45 Auf Deutsch mit der Tür ins Haus fallen Wer sich nicht als arroganter *mof* outen möchte, beginnt ein Gespräch mit »Hallo« oder »Hoi«, gefolgt von der Frage »Kunt u Duits spreken?« Oft geht es. »Dank u wel!«

46 Rad klauen lassen Nehmen Sie sich ein Beispiel an den Holländern, die ihr Rad mit mindestens zwei robusten Schlössern an einen Laternenpfahl ketten.

47 In Amsterdam auf das Navi verlassen Wenn Sie Amsterdams Innenstadt tatsächlich mit dem Auto erkunden wollen, schalten Sie Ihr Navi aus. Sonst landen Sie in der nächsten Gracht!

48 Strandburgen bauen Die freiheitsliebenden Niederländer finden keinen Gefallen an solchermaßen abgesteckten Territorien – womöglich noch mit deutschen Fähnchen. Das geht gar nicht!

49 Radfahrer ignorieren Menschen auf Drahteseln sind in Amsterdam gefährlicher als Autos, also halten Sie respektvoll Abstand von jedem rot asphaltierten Radweg. Und davon gibt es sehr, sehr viele!

50 Holland und Niederlande verwechseln Die korrekte einheimische Bezeichnung für das gesamte Land ist Nederland (im Singular!). Holland ist genau genommen nur der nordwestliche Teil des Landes mit den beiden Provinzen Nordholland und Südholland.

Fahrräder am besten immer anketten!

Der Leuchtturm Eierland steht auf der höchsten Stelle von Texel

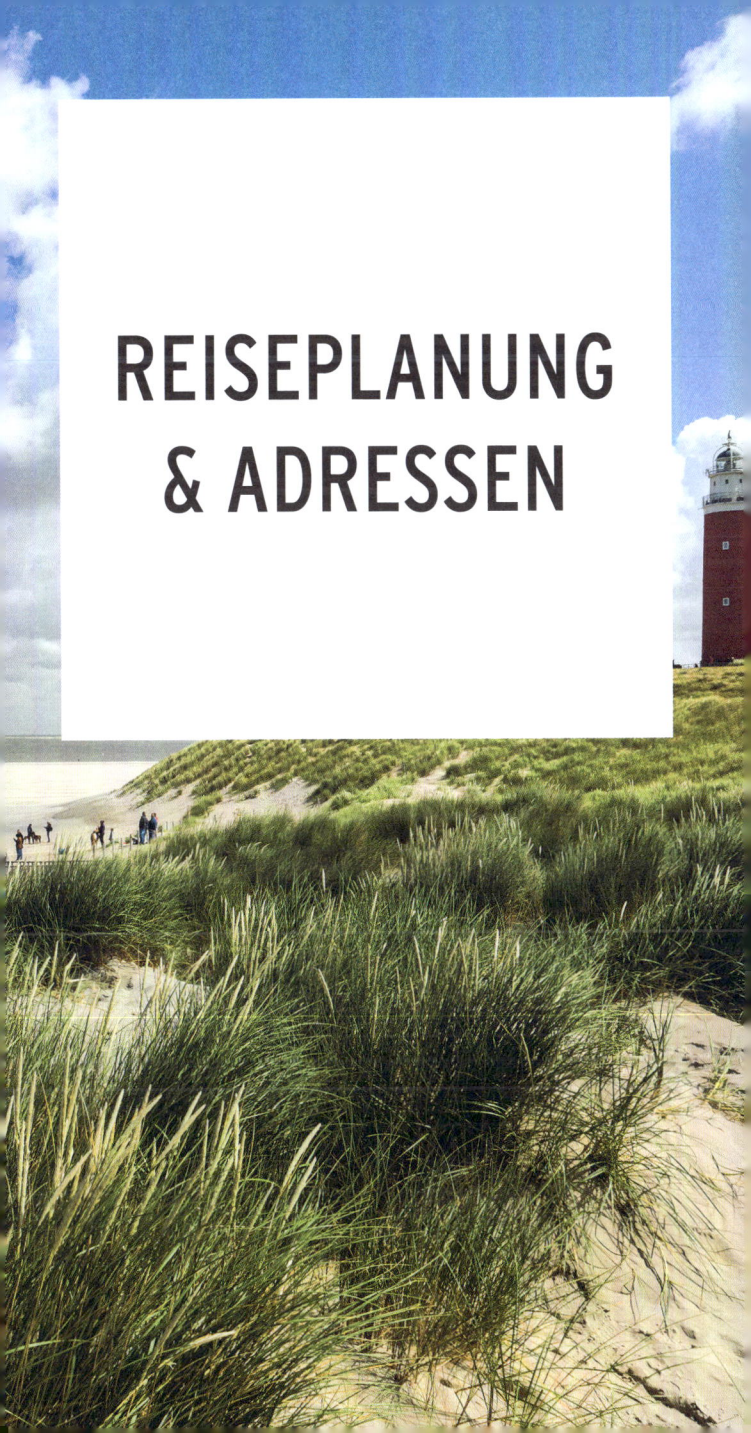

REISEPLANUNG & ADRESSEN

DIE REISEREGION IM ÜBERBLICK

Tulpenfelder, Windmühlen, Grachtenidyll und eine schier endlose Küste mit Sportangeboten, Badespaß und vielen Events prägen das Bild vom »gemütlichen Holland«.

Doch mit diesen Klischees haben die Niederlande ihre Reize längst nicht ausgespielt: Moderne Architektur, innovative Museumskonzepte, pfiffige Gastronomie, schicke Wellnessoasen und originelle Attraktionen machen das kleine flache Land zwischen Nordsee, Rheindelta und Dollart zu einem Reiseziel voller Überraschungen. Die Distanzen in den Niederlanden sind gering, das sehr gut ausgebaute Straßennetz macht die Orientierung leicht.

Amsterdam lohnt wegen seiner berühmten Kunstmuseen, seines Grachtengürtels und seiner Kneipen und Märkte stets einen Besuch.

Im platten **Norden** reizt Friesland mit unzähligen Varianten von Himmelblau und Wiesengrün, getupft mit verträumten Klinkerstädtchen, charmanten Museen und alten Zugbrücken. Allerdings hat die Region noch einiges mehr zu bieten: die Universitätsstadt Groningen, das Planetarium in Franeker und fünf Inseln im Wattenmeer.

Ganz oben auf der Beliebtheitsskala deutschsprachiger Reisender steht die abwechslungsreiche **Nordseeküste**, an der sich die Campingplätze, Strandbäder und Dünenreservate aneinanderreihen. Hier finden Familien günstige Ferienquartiere. Freizeitkapitäne bevorzugen die Region um das IJsselmeer mit vielen modernen Marinas. Nur einen Steinwurf von der Küste entfernt liegen alte Handelsstädte wie Delft, Leiden und Haarlem; das moderne Rotterdam nennt sich stolz »Klein-Manhattan an der Nordsee«.

In der **Landesmitte** haben sich Städte wie Utrecht, Arnhem und Apeldoorn mit bedeutenden Kunst- und Kulturstätten geschmückt. Der Museumspark in der Hoge Veluwe, die Land-Art-Projekte in Flevoland und die Hansestädte entlang der IJssel sind ebenso charmante wie beliebte Ziele.

Auch der **Süden** des Landes, zwischen Maastricht, Venlo und 's-Hertogenbosch, trumpft nicht nur in den historischen Städten auf, sondern lockt auch mit dem Labyrinth von Vaals und dem Schlosspark von Arcen.

Holland wie aus dem Bilderbuch in Edam

KLIMA & REISEZEIT

Vom Golfstrom gemäßigtes Seeklima bedingt angenehme Sommer, in denen die Temperaturen selten über 27 °C steigen, und relativ milde, ausgeglichene, aber oft regenreiche Winter.

Die regionalen Klimaunterschiede halten sich in Grenzen. In Limburg, Zeeland und auf den Watteninseln scheint die Sonne häufiger als in den übrigen Niederlanden, Regenfronten ziehen vor allem während der Frühjahrmonate schnell über das Land. An der Küste bläst ein steter – manchmal böiger – Wind, vorwiegend aus Nordwest.

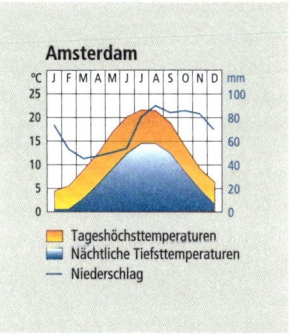

Die kulturellen Highlights des Landes sind das ganze Jahr über eine Reise wert. Blumenfreunde genießen die farbenfrohe Blütenpracht der Bollenstreek im April oder Mai, Strandurlauber reisen zwischen Mai und September, wobei es während der Sommerferien in den Monaten Juli und August an den Stränden der größeren Badeorte recht voll wird und viele der Unterkünfte schnell ausgebucht sein können. Auch während der Maiferien nach dem Koningsdag am 30. April sind die populären Ausflugsziele äußerst gut besucht. In der Wintersaison zählen besonders Reisen in die Städte Amsterdam, Delft, Haarlem und Leiden mit einer Vielfalt an interessanter Museen zu den attraktiven Destinationen der Niederlande.

ANREISE

MIT DEM FLUGZEUG

Der Flughafen Schiphol (www.schiphol.nl) befindet sich 18 km südlich von Amsterdam. Der Airport ist ein Shoppingparadies und durch den Bahnhof Schiphol direkt an das Hochgeschwindigkeitsnetz der europäischen Eisenbahn angebunden. Alle 15 Min. verkehren Züge von und nach Amsterdam, Den Haag und Rotterdam. Rotterdams internationaler Airport (www.rotterdamthehagueairport.nl), 6 km nördlich des Stadtzentrums, wird aus dem deutschsprachigen Raum derzeit direkt von München, Friedrichshafen und Innsbruck aus angeflogen.

MIT DEM AUTO

Über die Autobahn sind die Niederlande bequem zu erreichen: Über Oberhausen führt die A 12 Richtung Utrecht, von Köln die A 67/E 31 über Venlo Richtung Rotterdam, von Berlin und Hamburg aus erschließt die A 7/E 22 über Groningen das Land. Aus Süddeutschland fährt man über Nürnberg bzw. Stuttgart und Frankfurt/Main nach Köln weiter in die Niederlande.

MIT DER BAHN

Mehrmals täglich fahren ICE- und IC-Züge nach Amsterdam, Utrecht und Rotterdam. Von Frankfurt braucht der ICE etwa vier Stunden bis nach Amsterdam, von Köln knapp drei. Nachtreisezüge nach Amsterdam gibt es leider nicht mehr. Die Bahn bietet günstige Spartarife an (www.bahn.de).

MIT DEM BUS

Von vielen deutschen Großstädten gelangt man mit den Bussen der Deutschen Touring nach Arnhem, Eindhoven, Utrecht, Groningen, Amsterdam, Den Haag und Rotterdam (www.eurolines.de). Weitere Verbindungen bieten die Fernbusse der Bahn, wie der IC-Bus zwischen Hamburg und Amsterdam (www.bahn.de) und Mein Fernbus FlixBus (www.flixbus.de, www.meinfernbus.de,).

REISEN IM LAND

MIT DEM AUTO

Verkehrsschilder weisen meist die Verbindungen über das Autobahnnetz und großzügig dimensionierte Ringstraßen aus, Nebenstrecken sind dagegen etwas schwerer zu finden. Die Höchstgeschwindigkeit beträgt auf Autobahnen 100–130 km/h, auf Landstraßen 80 km/h, in Ortschaften 50 km/h. Die Promillegrenze in den Niederlanden liegt bei 0,5. Es gilt Gurtpflicht für alle Fahrzeuginsassen. Bei Unfällen und Pannen hilft der niederländische Automobilklub **ANWB**, Tel. 0 800/08 88.

Mietwagen sind in allen größeren Städten zu bekommen. Generell ist die Vorausbuchung vom Heimatland aus günstiger.

Um es VERKEHRSSÜNDERN möglichst schwer zu machen, hat man sich so einiges einfallen lassen: künstliche Bodenwellen (sog. Drempels), versenkbare Zufahrtssperren, einfallsreich platzierte Radarfallen und hohe Strafen für Regelverstöße. Achtung: Die Bußgelder werden auch im Ausland eingetrieben. Allerdings muss man wegen der Verstöße in den Niederlanden keine Punkte in der deutschen Verkehrssünderkartei befürchten.

MIT BAHN UND BUS

Mit der Bahn (Nederlandse Spoorwegen) erreicht man dank des dichten Streckennetzes fast alle sehenswerten Orte; das regionale Busnetz Connexxion sorgt für die Anbindung kleinerer Dörfer oder Badeorte. Im Halbstunden- oder Stundentakt bis tief in die Nacht verkehren Züge zwischen Amsterdam, Den Haag, Rotterdam und Utrecht.

Zu den attraktiven Sondertarifen zählen u. a. Tagesnetzkarten (Dagkaart) und Zomertoer-Tickets (gültig im Juli/August an 2 innerhalb von 7 Tagen). Kinder zwischen 4 und 11 Jahren in Begleitung eines Erwachsenen nutzen auf allen Strecken das günstige Railrunner-Ticket.

An 49 Bahnhöfen im Land warten Sammeltaxis (NS Zonetaxis), die Bahnreisende günstig zu jeder beliebigen Adresse im Stadtgebiet bringen.

• **NS Zonetaxi** | Tel. 09 00-6 79 82 94 (0,20 €/Min., max. 1 €/Anruf) | www.nszonetaxi.nl
• **Connexxion** | www.connexxion.nl

STADTVERKEHR

Das Nahverkehrssystem in den Großstädten ist bestens ausgebaut. Die **OV-Chipkaart** (www.ov-chipkaart.nl), die mit einem Geldbetrag aufgeladen werden muss, gilt in Stadt- und Überlandbussen, Zügen, Amsterdamer, Haager und Rotterdamer Straßenbahn, der Utrechter Stadtbahn, Amsterdamer und Rotterdamer Metro sowie auf den Fährschiffen Fast Flying Ferry, Veolia Transport Fast Ferries und Waterbus Rotterdam–Drechtsteden. Jede Fahrt muss registriert, d. h. am Start-, Ziel- oder Umsteigebahnhof durch ein Kartenlesegerät des jeweiligen Verkehrsunternehmens ein- bzw. ausgelesen werden. Für Touristen infrage kommen die nicht personalisierte OV-Chipkarte sowie die nur bei einem der Verkehrsunternehmen für eine kurze Zeit gültige Einwegkarte (Wegwerpkaart).

In Amsterdam verkehren 14 Straßenbahnlinien in einem 200 km langen Schienennetz

DER GUTE TULPENGEIST

In einer Flasche »Tulpenbollenwodka« steckt das Aroma von 350 Tulpenzwiebeln

Es ist erst fünf Jahre her, da kam der damals 30-jährige holländische Filmschauspieler und vielversprechende TV-Produzent Joris Putman auf die Idee, Wodka herzustellen. Aber nicht aus Korn, das konnte ja jeder. Schließlich hatte Putman zuvor ein Programm namens Greentech entwickelt: einen TV-Wettbewerb für junge umweltbewusste Erfinder. Und jetzt wollte er selbst etwas ganz Neues, Ökologisches und sehr Niederländisches kreieren. Aus Windmühlen, Delfter Blau, Holzschuhen, und Käse kann man allerdings keinen Wodka machen. Aber warum nicht Tulpenzwiebeln nehmen? Seine Freunde hielten das im wahrsten Sinne des Wortes für eine Schnapsidee, doch Putman ließ sich nicht beirren. Nach manchen Fehlschlägen – so leicht gibt die Tulpenzwiebel nämlich ihre guten Aromen nicht preis – tropfte aus dem Kup-

ferkessel dann tatsächlich ein feines Destillat. Und irgendwann ließ Putman den Meisterkoch Jonnie Boer probieren, der das 3-Sterne-Restaurant De Librije in Zwolle führt. Der zeigte sich begeistert.

Im Dezember 2017 war Putmans dreifach destillierter »Dutch Tulip Vodka« mit 40 Volumenprozent geboren. Alles was die von Putman und seinem Cousin Bart Bouter gegründete Brennerei Clusius Craft Distillers in Katwijk dazu benötigt sind 350 Tulpenzwiebeln pro Flasche, glasklares, durch holländische Sanddünen gefiltertes Wasser sowie ein natürlich streng gehütetes Know-How. Beim Abfüllprozess ist die gesamte Familie beteiligt, bis hin zur künstlerischen Gestaltung der Etiketten. Dafür zahlen Wodkakenner gern 295 Euro pro Flasche, die man online bestellen kann, darunter auch niederländische Spitzenrestaurants. Neben De Librije schenken auch Parkheuvel in Rotterdam und Aan de Poel in Amstelveen den High End Wodka aus.

Eigentlich führt Putman, auf seine ganz spezielle Weise, nur eine alte Familientradition fort, die mit der Tulpenmanie von 1637 begonnen hatte. Schon als Kind hatte es ihm in der Seele weh getan, wenn die nicht verkauften Zwiebeln aus der Zucht seines Onkels im Mülleimer landeten. Bis heute hasst er nicht verwertbaren Abfall.

ALLES BIO

Natürlich müssen die Zwiebeln, die Putman verwendet, aus streng biologischem Anbau stammen. Doch dafür interessierte sich lange kaum ein Züchter. Schließlich isst die Dinger ja niemand. Jetzt aber wagen immer mehr Tulpenproduzenten den Schritt zu Bio, der arbeitsintensiv und in den ersten Jahren nicht rentabel ist. Joris Putmans Tulpenwodka kompensiert die finanziellen Risiken zumindest teilweise. Außerdem kauft Putman auch die Restzwiebeln, die einfach zu klein sind oder auf dem Markt nicht geschätzte Abweichungen vom Tulpenmuster hervorbringen. Bisher konnte man solche Zwiebeln als Totalverlust abschreiben, doch für den Wodka gelten andere Kriterien.

Putmans Tulpenzwiebeln stammen von Frank Schouten aus Zwaagdijk in Noord-Holland, einem der drei größten Biozüchter. Putman hat inzwischen über 4 Millionen Tulpenzwiebeln verarbeitet. Wobei er höllisch aufpassen muss:

Einige wenige verdorbene Zwiebeln können eine ganze Charge der Tulpenmaische ruinieren, deren Fermentierung drei Monate in Anspruch nimmt. Besonders stolz ist er darauf, dass seine Brennerei keinerlei Abfall hinterlässt. Was von den Zwiebeln übrig bleibt, landet in den Mägen glücklicher Kühe eines benachbarten Hofs, die ganz verrückt danach sind.

Bald möchte Putman mehr als 100 000 Flaschen pro Jahr herstellen. Selbst in Polen, wo man sich nun wirklich keinen schlechten Wodka andrehen lässt, ist man höchst interessiert. Natürlich wird »Dutch Tulip Vodka Pure« weiterhin ein Eliteprodukt bleiben. Für die Massenproduktion stellt Putman jetzt den »Dutch Tulip Vodka Premium Blend« her, einen mit 48 Euro durchaus erschwinglichen Wodka, der mit nur 40 organischen Tulpenzwiebeln auskommt. Ergänzt wird mit Getreide aus Veld. Dieser Wodka eignet sich hervorragend für spezielle Mixgetränke. Das Grand Hotel Huis ter Duin in Nordwijk hat sogar einen eigenen Tulpenwodka-Cocktail kreiert. Und Putman? In dessen Kopf spuken schon jetzt zehn weitere Spirituosen herum.

Putmans »bloembollenvodka« ist sogar an Bord der niederländischen Fluggesellschaft KLM erhältlich. Clusius Craft Distillers in Katwijk aan Zee ▋ D8 bietet Touren durch die Produktionsanlagen an, bei denen die edle Spirituose verkostet und erworben werden kann. Ansonsten einfach online bestellen unter www.dutchtulipvodka.com.

SPORT & AKTIVITÄTEN

Die Niederländer kämpfen seit Jahrhunderten nicht nur gegen das Wasser, sie haben auch Spaß daran. Neben Wassersport in allen Varianten gibt es herrliche Wandermöglichkeiten und ausgezeichnete Golfplätze.

WASSERSPORT

Baden, Segeln, Surfen – an der Nordsee und am IJsselmeer sowie auf den Inseln locken wunderbare Sandstrände mit hervorragender Infrastruktur für Wassersportler.

GELBE UND ROTE FAHNEN markieren Strandbereiche mit riskanter Strömung oder gefährlicher Brandung. Im Sommer sind viele Strände bewacht. Bei stürmischem Wetter sind (meist unbeheizte) Pools in Hotels und Feriensiedlungen eine Alternative.

Seen, Kanäle und Flüsse kann man mit einem traditionellen Fischerboot, einer Segeljacht, einem Kajütboot oder per Kajak erkunden. Surfunterricht gibt es in allen Badezentren; wer allein auf die Nordsee hinaus will, sollte Erfahrung mitbringen. Auch Trendsportarten wie Blokart und Powerkiten kann man vielerorts ausprobieren. Infos beim **Niederländischen Büro für Tourismus & Convention** (> S. 153, www.niederlande.de) sowie bei den regionalen Informationsbüros (VVV).

Locaboat Plaisance

Vermittelt Hausboote, die man führerscheinfrei steuern darf.

• Ludwigstraße 1 | D-79104 Freiburg
Tel. 07 61/2 07 73 70 | www.locaboat.de

FAHRRADFAHREN

> Seitenblick S. 71.

WANDERN

Überall im Land gibt es ausgeschilderte Themenrouten. An Volkswandertagen sowie während der nationalen Wanderwoche Anfang Mai durchstreifen Tausende die Landschaft. Beliebte Fernwanderwege sind u. a. der 490 km lange Pieterpad, der das Land von Nord nach Süd durchquert, und der 164 km lange Hansestädtepfad (Doesburg–Zutphen–Deventer–Kampen). Der Nederlandse Kustpad folgt als Teil des europäischen North Sea Trail (www.northseatrail.org) der niederländischen Küste (725 km).

Wandelsport Bond 🚩 F9

• Pieterskerkhof 22 | 3512 JS Utrecht
Tel. 030/231 94 58
www.nwb-wandelen.nl
(nur in Niederländisch)
Infos zum Wegenetz auch unter:
www.niederlande.de

REITEN

Zahlreiche Reitställe, vor allem in Zeeland, vermieten Pferde für Ausritte auf den verschiedenen, ausgeschilderten Reitpfaden durch den Dünengürtel oder am Meer entlang. Auch Kutschentouren am Strand werden angeboten.

Die Nordseeinsel Schiermonnikoog ist perfekt für Radtouren

Nederlandse Vereniging voor Vrijetijds Ruiters  M3
- www.nvvr.info (nur in Niederländisch)
  Infos zum Wegenetz auch unter:
  www.niederlande.de

GOLF

Zwischen Dünen, Meer und Kiefernwäldern stehen viele Plätze von internationalem Niveau auch Gästen gegen eine moderate Greenfee offen. Der Königlich Niederländische Golfverein listet alle Plätze auf seiner Website www.golf.nl (nur Niederländisch) unter »Banen« auf.

WELLNESS

Wo schon romische Heerführer entspannten, können heute Besucher das wohltuende fluorid- und jodidreiche Thermalwasser genießen. Die meisten Bäder liegen im Süden der Niederlande. Sie locken mit Wellnesstagen und Schönheitspackungen, Sauna- und Badelandschaften, Kräuterwhirlpools, Salzwasser- und Schwimmbecken.

Thermaalbad Arcen  K12
- Klein Vink 11 | 5944 EX Arcen
  Tel. 077/473 24 24 | www.thermaalbad.nl
  tgl. 8–23 Uhr

Thermae 2000  J15
- Cauberg 25
  6301 BT Valkenburg aan de Geul
  Tel. 043/609 20 00 | www.thermae.nl
  tgl. 9–23 Uhr

Thermen Born  J14
- Langereweg 21a | 6121 SB Born
  Tel. 046/485 16 66 | www.thermenborn.nl
  tgl. 11–23 Uhr

Sanadome  J10
- Weg door Jonkerbos 90 | Nijmegen
  Tel. 024/359 72 80 | www.sanadome.nl
  tgl. 9–23.30 Uhr

Fontana-Thermen  M2
- Weg naar de Broon 3–9
  9693 GA Bad Nieuweschans
  Tel. 05 97/52 77 77
  www.fontanieuweschans.nl
  tgl. 9–22.45 Uhr

UNTERKUNFT

Über Buchungsplattformen im Internet wie www.hrs.com, www.hotels.nl, www.booking.com oder www.hostelworld.com kann man – auch noch kurzfristig – günstige Arrangements ergattern, vergleichen lohnt sich.

Ausgewählte Quartiervorschläge der Fremdenverkehrsverbände findet man unter www.niederlande.de. Auch die meisten Informationsbüros vor Ort (VVV) bieten einen Buchungsservice an.

HOTELS

Sämtliche Hotels unterliegen der »Benelux-Hotel-Klassifizierung«, die sich nach der Ausstattung des jeweiligen Hauses richtet. Generell ist der Standard der niederländischen Hotellerie etwas einfacher als in Deutschland oder Österreich, und die Preise sind im europäischen Vergleich relativ günstig, in der Sommersaison liegen sie um 20 bis 30% höher als während der restlichen Monate.

BED & BREAKFAST

Eine reizvolle Alternative zur Hotelübernachtung, vor allem in den Städten, bieten die B & B-Gastgeber mit individuellen Schlafgelegenheiten. Übernachtungen in traditionell eingerichteten Herrschaftszimmern von Bauernhöfen vermittelt der Verband De Pronkkamer.

Bed & Breakfast Service Nederland 🚩 G12
• Hallenstraat 12a | 5531 AB Bladel
  www.bedandbreakfast.nl

Bunte Strandhäuschen werden im Sommer vielerorts an der Nordseeküste aufgestellt

De Pronkkamer ▦ J5
- Binnenweg 33 | 8378 JJ Paasloo
  Tel. 05 61/475 754 | www.pronkkamer.nl

HOSTELS

26 sog. Stayokay Hostels mit insgesamt 5000 Betten sind meist zentral in historischen Gebäuden oder in landschaftlich reizvoller Lage eingerichtet. Es gibt preiswerte Familienzimmer und Mehrbettunterkünfte. Onlinereservierung empfohlen.

Hoofdkantoor Stayokay ▦ F7
- Timorplein 21a | 1094 CC Amsterdam
  Tel. 020/551 31 33 | www.stayokay.com

CAMPING, TREKKERSHUTTEN UND FERIENHÄUSER

Wildes Campen ist streng verboten. Dafür gibt es landesweit rund 1500 Campingplätze, die in den Sommermonaten sehr beliebt sind. Eine Alternative zum Zelt sind die auf vielen Plätzen installierten Trekkershutten, einfache Holzhütten für meist vier Personen.

Über die Fülle an Ferienhäusern, vom Holzhäuschen bis zur Luxusvilla in den Dünen, informieren die regionalen Tourismusorganisationen sowie www.niederlande.de.

An der Küste sind die Quartiere vor allem in den Sommermonaten schnell ausgebucht, hier sollte man rechtzeitig reservieren. Informationen über alle Campingplätze der Niederlande unter www.camping.de und www.nederland-camping.nl (nur Niederländisch).

Stichting Trekkershutten ▦ B12
- Postbus 413 | 3430 AK Nieuwegein

Tel. 030/603 37 01
www.trekkershutten.nl
(nur Niederländisch)

Aan Zee
Die Agentur vermittelt Ferienhäuser in Friesland, Zeeland, Südholland und Ameland.
- Erasmusweg 19
  2202 CC Noordwijk aan Zee
  Tel. 071/364 11 11 | www.de.anzee.com

KURIOSE NACHTQUARTIERE

- In luftiger Höhe im Hafenkran, im Leuchtturm oder auf einem echten Rettungsboot schläft man im Hafen von **Harlingen** – und das äußerst komfortabel. > S. 66
- Richtig rund geht es am IJsselmeer im Hotel **De Vrouwe van Stavoren**, für das imposante Weinfässer gemütlich ausgestattet wurden. > S. 69
- Wie in der Steppe: Auf **Texel** stehen geräumige mongolische Jurten im Dünensand. > S. 74
- In Reih und Glied stehen die bunten **Slaapstrandhuisjes** direkt am Strand von Vlissingen. Da ist es kein Wunder, wenn man wegen der kreischenden Möwen und der tosenden Brandung in der ersten Nacht nicht zur Ruhe kommen kann. > S. 86
- Alles, was man braucht, inklusive Küche und Bad, findet Platz in den Eisen- und Straßenbahnwagen des **Controversy Tram Inn** in Hoogwoud bei Hoorn. > S. 111

Rembrandts »Die Vorsteher der
Tuchmacherzunft« im Amsterdamer
Rijksmuseum wird viel bewundert

LAND & LEUTE

STECKBRIEF

- **Landeshauptstadt:** Amsterdam
- **Regierungssitz:** Den Haag
- **Fläche:** 41528 km^2
- **Bevölkerung:** 17,1 Mio.
- **Bevölkerungsdichte:** 405 Einw./km^2
- **Höchster Punkt:** Vaalser Berg, 321 m
- **Gemeinden:** 403 selbstständige Gemeinden in 12 Provinzen
- **Staatsoberhaupt:** König Willem Alexander
- **Landesvorwahl:** 0031

- **Währung:** Euro
- **Zeitzone:** MEZ

LAGE UND GEOGRAFIE

Zwischen der Nordseeküste im Westen und Norden sowie dem Flussdelta des Rheins im Süden grenzen die Niederlande an die deutschen Bundesländer Nordrhein-Westfalen und Niedersachsen sowie an Belgien.

Knapp ein Viertel des Staatsgebietes, das zum Teil erst vor wenigen Jahrzehnten durch Einpolderung von Meeresbuchten entstand, liegt unterhalb des Meeresspiegels; es wird durch Dünen, Deiche mit einer Gesamtlänge von rund 3000 km und komplizierte Pumpsysteme vor Überflutung geschützt. Die rundum mit Deichen und Wehren befestigte Zuiderzee war noch vor hundert Jahren eine Meeresbucht. Nur im Südosten beleben Hügel und der bescheidene Vaalser Berg bei Maastricht die Geografie des ansonsten flachen Landes. Allerdings: Die höchste Sanddüne bei Schoorl an der Nordseeküste ist immerhin auch 54 m hoch. Die zeeländischen Inseln im Süden sowie die fünf Wattinseln im Norden sind beliebte Urlaubsregionen.

Das dicht besiedelte und intensiv bewirtschaftete städtische Ballungszentrum zwischen Amsterdam, Den Haag, Rotterdam und Utrecht wird Randstad genannt. Hier drängen sich die bunten Würfelhaufen von Industriegebieten und Schlafstädten, die Straßenschleifen des manchmal unübersichtlichen Autobahnnetzes, schnurgerade Schnellbahnlinien und die Gewächshausreihen der Blumenzüchter – aber es finden sich auch einzigartig schöne historische Altstädte mit behutsam renovierter Bausubstanz und malerischen Winkeln.

POLITIK UND VERWALTUNG

Seit 1848 sind die Niederlande eine konstitutionelle Monarchie. Die politische Gewalt übt das Zwei-Kammern-Parlament aus. Die 150 Mitglieder der zweiten und wichtigeren Kammer werden direkt vom Volk gewählt, während die 75 Mitglieder der ersten Kammer aus den Provinzparlamenten entsandt werden. Seit 2017 sind 13 Parteien in der zweiten Kammer vertreten. Die vier größten Fraktionen sind konservativliberale VVD, linksliberale Democraten 66, rechtspopulistische PVV und christdemokratische CDA. Ministerpräsident ist seit 2010 Mark Rutte (VVD), der nun einer Koalitionsregierung aus VVD, CDA, D66 und ChristenUnie vorsteht.

Das Königreich zählt 12 Provinzen sowie die überseeischen autonomen Landesteile der Karibikinseln Aruba, Curaçao und Sint Maarten. Staatsoberhaupt ist seit 2013 König Willem Alexander. Hauptstadt ist Amsterdam, Regierungssitz Den Haag. Neben Parlament und anderen Staatsorganen tagt dort auch der Internationale Gerichtshof der Vereinten Nationen.

WIRTSCHAFT

Nicht etwa die unübersehbar effiziente Landwirtschaft ist der Wirtschaftsfaktor Nummer eins, sondern der Güter- und Dienstleistungssektor in der dicht besiedelten Randstad, dem Städtekonglomerat zwischen Amsterdam und Rotterdam, in dem rund 73 % des Bruttosozialprodukts des Landes erwirtschaftet werden.

Rotterdam, der nach Shanghai und Singapur drittgrößte Seehafen der Welt, fungiert als Europas Drehscheibe für den globalen Warenstrom. Multinationale Konzerne der Lebensmittel-, Erdöl- und Elektroindustrie sowie internationale Chemiefirmen haben in der modernen Hafenstadt ihre Niederlassungen.

Landwirtschaft, Gartenbau und Fischerei sind der zweitwichtigste Faktor im Staatshaushalt. Mit Abstand halten die Niederlande den Weltrekord bei Zucht und Export von Tulpen und Tulpenzwiebeln. Jährlich werden rund 2 Mrd. Tulpen (und weit mehr Zwiebeln) produziert. 90% davon gehen in den Export. Hauptabnehmer ist Deutschland. Deutschland ist mit einem Viertel des Exports der wichtigste Handelspartner der Niederlande.

Ein bedeutender Wirtschaftsfaktor ist auch der Tourismus mit jährlich rund 17,8 Mio. Besuchern. Die Feriengäste, darunter rund 4,6 Mio. Deutsche, sichern der Branche einen Umsatz von ca. 17 Mrd. Euro und ca. 500 000 meist saisonale Arbeitsplätze – besonders in den historischen Städten, an Nordsee und IJsselmeer.

Die niederländische Wirtschaft ist stark, die Arbeitslosenquote sehr niedrig. Die globale Wirtschaftskrise ging an dem kleinen Land beinah spurlos vorbei. Außerdem tragen flexible Arbeitszeitregelungen, der hohe Anteil an international vernetzten Dienstleistungen sowie der geradezu sprichwörtliche niederländische Pragmatismus zum anhaltenden Optimismus bei.

GESCHICHTE IM ÜBERBLICK

Ab 50 v. Chr.–400 n. Chr. Unterwerfung der germanischen Bataver durch Julius Cäsar.

845 Nach dem Tod Karls des Großen werden die Gebiete südlich der Schelde Frankreich zugeschlagen, die Niederlande fallen an Lothringen, später an Habsburg, deren Statthalter das Land regieren.

1519 Im Mittelalter bestehen die Niederlande aus selbstständigen Territorien: den Herzogtümern Geldern und Brabant, den Grafschaften Holland und Zeeland sowie dem Bistum Utrecht. Unter Karl V. (1500–1558) werden diese als »Niedere Lande« mit dem heutigen Belgien und Luxemburg vereinigt und Teil des burgundisch-habsburgischen Reichs.

1556 Philipp II. von Spanien bekämpft die Reformation in den Niederlanden.

1568–1648 80-jähriger Freiheitskampf. Prinz Willem von Oranien, der »Vater des Vaterlandes«, führt den Kampf um die Unabhängigkeit vom habsburgischen Spanien und die Glaubensfreiheit an. Im Westfälischen Frieden von 1648 wird die Souveränität der Republik der Vereinigten Niederlande anerkannt.

17. Jh. Niederländische Kaufleute gründen Handelsniederlassungen in aller Welt und dominieren bald den internationalen Seehandel.

1795 Die Niederlande werden ein Vasallenstaat Frankreichs.

1814 Nach dem Ende der französischen Besatzung wird das Königreich der Niederlande gegründet. Es besteht aus den heutigen Niederlanden, Belgien, Luxemburg.

1830 Belgien wird unabhängig. Die Niederlande erhalten ihre heutigen Grenzen.

1914–18 Im Ersten Weltkrieg bleiben die Niederlande neutral.

1920 Beginn der Trockenlegung der Zuiderzee.

1940 Deutsche Truppen besetzen das Land. Die Königsfamilie geht ins Exil nach London.

1953 Am 1. Februar fordert eine Flutkatastrophe über 1800 Tote.

1958 Gründung der Wirtschaftsunion der Beneluxländer.

1986 Am 4.10. eröffnet Königin Beatrix das Sturmflutwehr in der Oosterschelde. Abschluss des Deltaplans. Flevoland wird zwölfte Provinz der Niederlande.

2002 Der Mord an Oppositionspolitiker Pim Fortuyn führt einen Regierungswechsel herbei.

2004 Der Filmemacher Theo van Gogh wird in Amsterdam von einem Islamisten ermordet.

2013 Thronbesteigung von König Willem Alexander.

2014 192 der 298 Todesopfer beim Abschuss eines Flugzeugs über der Ostukraine sind Niederländer.

2017 Nach den Parlamentswahlen bildet Ministerpräsident Mark Rutte (VVD) seine dritte Regierung.

2018 Eröffnung der Eurostarzugverbindung zwischen London und Rotterdam bzw. Amsterdam (Fahrzeit 3:01 bzw. 3:41 Std.)

NATUR & UMWELT

In den Niederlanden beschäftigt sich eine starke Umweltlobby mit den Folgen der intensiven Landnutzung und den Gefahren des Klimawandels.

Kein anderes Volk hat seine Umwelt so konsequent nach wirtschaftlichen Vorgaben geformt wie die Niederländer. Langsam ändern Landwirte und Verbraucher ihr Verhalten, produzieren bzw. kaufen Biogemüse und entwerfen Modelle für eine umweltschonendere Zukunft der Landwirtschaft, der Fischerei sowie der Energieerzeugung.

Obwohl die Niederlande zu den dichtbesiedelten Staaten Europas gehören, gibt es nach wie vor ausgedehnte fast menschenleere Gebiete. 200 000 ha Wald-, Dünen-, Heide- und Moorlandschaft stehen neben weiten Teilen des Wattenmeeres unter Naturschutz. Der bekannteste der 20 Nationalparks des Landes (www.nationaalpark.nl) ist De Hoge Veluwe in Gelderland › S. 123.

Die Küstenlandschaft des Wattenmeeres, ein 7 bis 40 km breiter und etwa 450 km langer Streifen von Texel bis nach Sylt, ist eine amphibische Welt voller Leben, ein Paradies für Wasservögel und die Kinderstube der Nordseefische. Seit 2009 darf sich das Wattenmeer mit dem Titel UNESCO-Weltnaturerbe schmücken. Allein im niederländischen Wattenmeer leben mehr

DIE SCHÖNSTEN PARKS UND GÄRTEN

- Heilkräuter und seltene endemische Pflanzen kann man am Rand des Amsterdamse Bos bei Amstelveen entdecken: im Naturgarten **De Braak** und im **Dr. Jacques P. Thijsse Park** mit über 600 Wildpflanzen. › S. 56
- Leiden hat den ältesten **Botanische Garten** der Welt. Hier pflanzte 1581 der Arzt und Botaniker Carolus Clusius die erste Tulpe in Europa. › S. 101
- Mal märchenhaft verwunschen, dann wieder ganz aufgeräumt präsentiert sich die Gartenvielfalt um den Landsitz **De Wiersse** nordöstlich von Arnhem. › S. 122
- Royale Pracht verbreitet der französische Barockgarten des **Koninklijk Paleis Het Loo,** der ehemaligen Oranierresidenz, bei Apeldoorn. › S. 122
- Der **Schlosspark Arcen** gilt als schönster Blumenpark der Beneluxländer. › S. 142
- **Tuinen Mien Ruys** ▌ K6
  28 experimentelle Stilgärten sind das Erbe der Gartenarchitektin Mien Ruys. Gerade Linien, überraschende Sichtachsen und die Vielfalt der heimischen Stauden prägen die Anlage nördlich von Zwolle.
  Moerheimstraat 84 | 7700 AB Dedemsvaart | www.mienruys.nl
  April–Okt. Di–Sa 10–17, So 12–17 Uhr

als eine halbe Million Vögel, im Herbst steigt ihre Zahl auf etwa 4 Mio. an. Auf den Sandbänken vor Ameland und Schiermonnikoog tummeln sich nicht nur junge Seehunde, dort liegt auch das größte mitteleuropäische Brutgebiet der Brandseeschwalbe; ferner kann man Gänse Löffler, Reiher, Eiderenten, Austernfischer und Alpenstrandläufer beobachten.

Mit zunehmender Verschmutzung der Gewässer durch Industrie und Landwirtschaft wird das Gleichgewicht des Wattenmeeres empfindlich gestört. Seit Jahren kämpfen verantwortungsvolle Politiker und Umweltschützer vergeblich gegen die Erhöhung der Förderquoten von Öl und Erdgas im friesischen Wattenmeer.

KUNST & KULTUR

KUNST DES MITTELALTERS

Im Mittelalter gaben vor allem kirchliche Finanziers außerordentlich wertvolle Gebäude und Kunstwerke in Auftrag, die heute den erstklassigen Ruf des kulturellen Erbes in den Niederlanden begründen. Der Reliquienschrein der Maastrichter St. Servaasbasiliek, der ältesten Kirche des Landes, sowie der Utrechter Dom > S. 129 sind herausragende Beispiele der Romanik. Zur Zeit der Gotik entstanden die ersten beeindruckenden Profanbauten wie Stadttore, Zunfthallen und Bürgerhäuser, die den flämischen Einfluss erkennen lassen.

DAS GOLDENE JAHRHUNDERT

Zu Ende des 16. Jhs. veränderte sich mit dem Freiheitskampf der nördlichen Niederlande die politische Landkarte. Die junge Republik der Sieben Vereinigten Niederlande stieg zur führenden Handelsmacht auf. Viele Künstler flüchteten aus Antwerpen in den Norden, wo seit der Renaissance der Kunstmarkt erblühte. Private Sammler suchten nach stabilen Geldanlagen, etwa in Gemälden berühmter Porträtmaler. Der geniale Rembrandt Harmenszoon van Rijn (1606–1669) war während seiner Amsterdamer Zeit ein ebenso hoch dotierter Künstler wie Frans Hals (1585–1666) in Haarlem. Zeitgleich entstanden in Amsterdam die Prachtbauten am Grachtengürtel. Höhepunkt ist das von Jacob van Campen (1595–1657) erbaute Rathaus, jetzt das Koninklijk Paleis.

DIE MODERNE

Im 18. Jh. ließ die Phase der Industrialisierung kaum künstlerische Entwicklungen zu; die Haager Impressionistenschule war eine späte Antwort auf die Französische Schule in Barbizon. Dann aber begründete Vincent van Gogh (1853–1890) die moderne Malerei in den Niederlanden. In der Archi-

Almere gewährt den Architekten in den neuen Wohnvierteln viele Freiheiten

tektur repräsentieren P. J. H. Cuypers (1827–1921), der Architekt des Rijksmuseums und des Hauptbahnhofs in Amsterdam, und H. P. Berlage (1856 bis 1934), der die Amsterdamer Börse und das Schloss St. Hubertus im Nationalpark De Hoge Veluwe baute, den Wechsel zur Moderne.

INNOVATIVE AVANTGARDE

Die Amsterdamer Schule und Architekten wie J. J. P. Oud (1906–1963) in Rotterdam gaben dem urbanen Wohnungsbau in Europa wesentliche Impulse. Im 20. Jh. gehörten einige niederländische Künstler zur Avantgarde, die jedoch im Ausland lebten und arbeiteten, wie Piet Mondriaan (1872 bis 1944), Theo van Doesburg (1883–1931) und Willem de Kooning (1904 bis 1997). Mondriaan und van Doesburg gehörten 1917 zu den Mitbegründern der wegweisenden Künstlergruppe »De Stijl«. Mit Gerrit Rietveld (1888 bis 1964) beginnt die Geschichte des modernen »Dutch Design«, das von der Mode über die Innenarchitektur bis zu futuristischen Lichtinstallationen weltweit Beachtung findet (www.creativeholland.com).

Bekannt ist die Experimentierfreudigkeit niederländischer Architekten. Zu den Stars zählt Piet Blom (1934–1999), der intensiv am Wiederaufbau Rotterdams beteiligt war. Selbstbewusst präsentieren Baukünstler wie Rem Koolhaas, ihre Stein, Beton und Glas gewordene Kreativität. Die Skyline von Rotterdam am Kop van Zuid, das Oostelijk Havengebied in Amsterdam und die Wohnviertel von Almere sind gigantische Spielwiesen im Praxistest.

FESTE & VERANSTALTUNGEN

FESTKALENDER

Januar: Am **Neujahrstag** stürzen sich rund 10 000 närrische Wasserratten am Strand von Scheveningen in die eiskalte Nordsee.

Januar/Februar: Das **International Film Festival Rotterdam** zeigt 10 Tage lang zu Monatsende bzw. -anfang ein ambitioniertes Programm, speziell digitale Filme und Erst- oder Zweitwerke junger Regisseure (www.iffr.com).

März: Antiquitäten und klassisches Design prägen die alljährlich stattfindende Maastrichter Kunstmesse **The European Fine Art Fair** (www.tefaf.com).

April: Mitte des Monats **Nationales Museumswochenende** mit freiem Eintritt zu vielen Sehenswürdigkeiten. Am 27. April feiert das ganze Land den **Koningsdag** mit einem großen Volksfest in Amsterdam.

Mai: Im offiziellen **Fahrradmonat** und am **Nationalen Mühlentag** (Nationale Molen- & Gemalendag) sind Millionen Niederländer unterwegs.

Juni: Das **Amsterdam Arts Adventure** umfasst den ganzen Sommer lang kulturelle Großereignisse wie das Holland Festival mit Musik, Tanz und Theater aus aller Welt (www.hollandfestival.nl). Mitte Juni findet in Landgraaf an der Grenze zu Deutschland das **Pinkpop-Festival** mit internationalen Rockbands statt (www.pinkpop.nl). Exotische Leckerbissen genießt man Ende Juni beim Pasar Malam Besar im Rahmen des **Tong Tong Festivals** (www.tongtongfestival.nl) in Den Haag. Die Matjessaison beginnt mit dem **Vlaggetjesdag** in Scheveningen (www.vlaggetjesdag.com), und bis

Der Koningsdag am 27. April wird in Orange ausgelassen gefeiert

Ende August findet jeden Donnerstag der **Käsemarkt** in Gouda statt.

Juli: Anfang Juli zieht das **North Sea Jazz Festival** (www.northseajazz.nl) viele Musikfreunde nach Den Haag. Während der **Deltaweek** in Zeeland drangen sich Segelboote jeder Größe in den Häfen. Ende Juli wird in Friesland das **Skûtsjesilen** (Segeln mit traditionellen Booten) veranstaltet (www.skutsjesilen.nl). Ein karibischer **Sommerkarneval** (www.zomercarnaval.nl) mit Parade, Musik und Tanz treibt in Rotterdam Hunderttausende auf die Straßen.

August: Bei der **Sneeker Woche** im friesländischen Sneek treffen sich Segelfreunde aus ganz Europa zu Regatten, Straßenfest und Jahrmarkt (www.sneekweek.nl). Ende des Monats findet in Utrecht das **Festival Alte Musik** (www.oudemuziek.nl) statt; Gourmets lassen sich beim viertägigen **Preuvenemint** (www.preuvenemint.nl) auf dem Maastrichter Vrijthof verwöhnen. Nur alle fünf Jahre treffen sich Segeljachten aus aller Welt zur **Sail Amsterdam** – einem der größten maritimen Ereignisse weltweit (www.sail.nl; 2020 usw.).

💬 ORANJE STRAHLT UND LÄCHELT

Von 1980 bis 2013 war die sympathische, manchmal etwas unnahbar wirkende Beatrix von Oranien-Nassau Staatsoberhaupt der Niederlande. Vor allem ihren bürgerlichen Schwiegertöchtern und den niedlichen Enkelkindern ist es wohl zu verdanken, dass die konstitutionelle Monarchie auch im 21. Jh. – trotz der hohen Apanagen aus dem Staatshaushalt – so populär ist wie lange nicht mehr. Stammvater Prinz Willem von Oranien, Graf von Nassau (1533 bis 1584), wäre stolz auf seine Nachfahren.

Neun von zehn Niederländern befürworten die parlamentarische Monarchie, die seit 1848 das politische System des Landes lenkt. Die ehemalige Königin, die 1966 den deutschen Diplomaten Claus von Amsberg (1926–2002) ehelichte, hat drei Söhne. Der älteste, Willem Alexander (geb. 1967), ist seit 2013 König. 2002 heiratete er die Argentinierin Máxima Zorreguita. Ihre Töchter Catharina-Amalia, die seit 2013 als die Prinzessin van Oranje die Kronprinzessin der Niederlande ist, sowie Alexia und Ariane belegen die Plätze eins, zwei und drei der Thronfolge.

Das niederländische Königshaus strahlt und lächelt in die Kameras, Skandale wie bei den britischen Royals gibt es nicht. Das mag am Stil der Oranier liegen, aber auch an den Medien, die hier weniger aggressiv sind als jenseits des Ärmelkanals. Als Königinmutter Juliana 2004 starb, druckte selbst die Regenbogenpresse nichts als Lobeshymnen. Und als am Koninginnedag, dem 30. April 2009, ein Amokfahrer in Apeldoorn einen Attentatversuch auf die Königsfamilie unternahm, stand das ganze Land unter Schock.

Ein höchst populäres Schauspiel vollzieht sich jedes Jahr am dritten Dienstag im September (Prinsjesdag). Dann fährt der König in der goldenen Kutsche anlässlich der Parlamentseröffnung vom Paleis Noordeinde zum Ridderzaal in Den Haag (www.koninklijkhuis.nl).

September: Am **Open Monumentendag,** dem zweiten Sonntag im Monat, sind rund 3000 Museen, Kirchen und Sehenswürdigkeiten für Besucher zugänglich (www. openmonumentendag.nl). Mitte des Monats lockt das **Chocoladefestival** in die Hansestadt Zutphen (www.chocoladefestival-zutphen.nl).

Oktober: In Bergen und Bergen aan Zee feiert man mit mehr als hundert Ausstellungen die **Kunst 10-daagse** (www.dekunst 10daagse.nl). In Lisse findet der **Nationale Blumenzwiebelmarkt** statt. Das **Holland Dance Festival** in Den Haag ist in ungeraden Jahren Treffpunkt der weltbesten Ensembles (www.hollanddancefestival.com).

Dezember: Beim **Dickens-Festival** Mitte des Monats in der Altstadt von Deventer lassen über 900 Persönlichkeiten aus den Büchern des Schriftstellers das viktorianische 19. Jh. wieder aufleben, außerdem gibt es Weihnachtsmarkt und -konzerte (www.dickensfestijn.nl). Am Nikolausabend (5. Dez.) freuen sich Jung und Alt auf die Geschenke die am Pakjesavond überreicht werden. **Weihnachtsmärkte** gibt es im ganzen Land, die schönsten findet man in Valkenburg und Deventer. Am **Silvesterabend** gibt es bei vielen Familien Oliebollen, ein Schmalzgebäck, und an Mitternacht strömen alle auf die Straße, um das neue Jahr mit einem Feuerwerk zu begrüßen.

ESSEN & TRINKEN

Auch wenn viele Niederländer eher deftige Hausmannskost bevorzugen, gehen junge Küchenchefs neue Wege. Mit Erfolg!

100 Sterne-Restaurants führt die Feinschmeckerbibel des Guide Michelin 2015 auf. Allein in Maastricht verführen neun Spitzenköche ihre Gäste mit raffinierten, meist französisch inspirierten Menüs, in denen frische Meeresfrüchte einen festen Platz haben. Häufig sind die edlen Lokale in historischen Gebäuden eingerichtet, so mancher Küchenstar bietet Kochkurse an.

Traditionell beginnen Niederländer den Tag mit einem kräftigen Frühstück. Zum Toast stehen Marmelade und Wurst sowie Pindakaas (Erdnusscreme), Vla (cremiger Pudding) und bunte Streusel auf dem Tisch. Mittags reicht ein Snack, z. B. eine Tüte Pommes frites oder ein Stokbroodje (belegtes Baguette). Die Hauptmahlzeit folgt am frühen Abend, in vielen Restaurants gibt es nur bis 22 Uhr warme Küche!

Die klassische niederländische Küche ist herzhaft und bodenständig. An der Küste dominieren Fischspezialitäten und Meeresfrüchte die Speisekarten, allen voran der Hering (Haring). Holländischer Matjes wird Ende Mai bis Anfang Juni gefangen und nach Landesart gehäutet, entgrätet, gesalzen und mit viel Zwiebel verspeist. Seezunge, Aal, Scholle, Makrele und Kabeljau isst man frittiert, geräuchert oder sauer gedünstet. Von Mai bis September bereichern Muscheln und Austern aus der Provinz Zeeland dei Speisepläne. Als Beilage gibt es Kartoffeln und gedünstetes Gemüse.

Auf den Speisekarten vieler Restaurants finden sich regionale Spezialitäten der traditionellen niederländischen Küche. Hervorragend sind beispielsweise Lamm auf Texel, dessen Fleisch die Nordseeluft sowie der salzhaltige Boden ein herausragendes, leicht salziges Aroma verleihen, Aal am IJsselmeer, Spargel in Limburg oder Muscheln in Zeeland. Zu den Klassikern gehört das kalorienreiche Eintopfgericht Stamppot, das so sämig ist, dass fast der Löffel darin steht. Heiß beliebt, nicht nur bei Kindern, sind Pannekoeken, die in unglaublichen Variationen – süß ebenso wie herzhaft – aus der Pfanne gleiten!

Exotische Gaumenkitzel und kulinarische Abwechslung garantiert das reiche koloniale Erbe der Niederlande: Ob Indonesische Reistafel oder Chop Suey, pikante Currys aus Surinam oder Ziegeneintopf von den Antillen – so bunt und kreativ wie die Bevölkerung der Niederlande sind auch die Speisekarten, vor allem in Amsterdam und den anderen größeren Städten. Und auf dem Lande gibt es tausend Möglichkeiten, in netten Cafés köstlichen Appeltaart med Slagroom, Apfelkuchen mit einer dicken Sahnehaube, zu genießen.

Dazu serviert man landauf, landab zu wirklich jeder Tages- und Nachtzeit ein heißes Kopje Koffie – die berühmte Tasse starken Kaffee. Am Abend schmeckt eines der vielen regionalen Biere, zu dem man gerne auch ein Glas hochprozentigen Jenever (Wacholderschnaps) für die Verdauung leert.

STILVOLLE SPITZENKÜCHE

- Mutige Bioküche vom Feinsten serviert Meisterkoch Gert Jan Hageman im **De Kas**, einem zum Restaurant umgebauten Gewächshaus der Amsterdamer Stadtgärtnerei. > S. 55
- Im idyllischen Giethoorn verwöhnen Martin und Marjan Kruithof im **De Lindenhof** mit Klassikern der Haute Cuisine und veredelter Hausmannskost. > S. 70
- Im südzeeländischen Sluis hat sich François de Potter im **La Trinité** einen Michelinstern erkocht. > S. 85
- Kulinarische Abenteuer verspricht Erik van Loo, der angenehm exzentrische Trendsetter in seinem Rotterdamer Spitzenrestaurant **Parkheuvel**. > S. 94
- Jonnie Boer, Chefkoch des Sternerestaurants **De Librije** in Zwolle, verarbeitet beinah ausschließlich Lebensmittel aus der Region, denn seine Devise lautet: »puur natuurlijk« schmeckt es am besten. > S. 125
- In **'t Ponkje** €€ 📖 H4, einem ehemaligen friesländischen Kirchlein, zelebriert Rob Hartmann die hohe Kunst des feinen Kochens. Besonders sein friesisches Tiramisu ist ein Gedicht. Fermaningsteech 1 8551 SP Woudsend Tel. 05 14/59 12 50 www.ponkje.nl Di geschl.

Diese Windmühlen auf dem Over-
waard-Polder gehören zur UNESCO-
Welterbestätte Kinderdijk

TOUREN & SEHENSWERTES

AMSTERDAM

Fortbewegungsmittel Nummer eins
in Amsterdam ist das Fahrrad

*Die übersichtliche multikulturelle Metropole mit
fast 860 000 Einwohnern begeistert durch ihre
weltberühmten Museen, romantischen Grachten,
bunten Straßenmärkte und originellen Geschäfte
sowie topmodernen Architekturprojekte.*

Kosmopolitisch, pragmatisch und immer für eine Überraschung gut: das ist Amsterdam, die turbulente Hauptstadt der Niederlande mit ihrem Faible für alte Fassaden und visionäre Pläne. Wer sich für Kultur interessiert, kann zwischen mehr als 100 Museen und großartigen Architekturdenkmälern aus fünf Jahrhunderten wählen. Bunte Straßenmärkte und originelle Shops, angesagte Designerläden und moderne Galerien, coole Bars und großartige Konzerthäuser begeistern Besucher ebenso wie romantische Grachten, fotogene Brücken und charmante Innenhöfe.

Seit dem 15. Jh. profitierte die an der Mündung von Amstel und IJ ins IJsselmeer gelegene Metropole vom lukrativen Welthandel: Erst etablierten hier jüdische Kaufleute aus Antwerpen das Geschäft mit Diamanten, später sorgten die Eroberungsfahrten der Vereinigten Ostindischen Compagnie (VOC) und der Westindischen Compagnie (WIC) für Profit. Die wirtschaftliche Blüte erreichte im 17. Jh. ihren Höhepunkt. Der Überfluss des Goldenen Jahrhunderts ließ u. a. den Grachtengürtel mit den herrlichen Giebelhäusern entstehen.

Im 19. Jh. verlor Amsterdam seine führende Position. Die Industrialisierung setzte verspätet ein; der Zweite Weltkrieg brachte weiteres

Elend über die Stadt. Erst seit etwa 20 Jahren weht ein visionärer Wind durch den Grachtengürtel. Im Hafengebiet entstanden Wohngebiete in futuristisch-attraktiver Architektur, bedeutende Museen werden neu konzipiert, und das Rotlichtviertel soll sein Schmuddelimage verlieren.

BUCH-TIPP:
POLYGLOTT on tour **Amsterdam,** Gräfe und Unzer GmbH, München. Für Reisende, die der Hauptstadt mehr als nur eine Stippvisite widmen wollen.

ALTSTADTSPAZIERGANG

> **ROUTE:** Centraal Station > Nieuwe Kerk > Koninklijk Paleis > Westerkerk > Begijnhof > Oude Kerk > Museum Ons lieve Heer op Solder > Grachtenrundfahrt

> **KARTE:** Seite 50
> **DAUER:** 1 Tag (mit Besichtigungen)
> **PRAKTISCHE HINWEISE:**
> • Das kompakte Altstadtzentrum erkundet man am besten zu Fuß.
> • Ein schöner Abschluss des Spaziergangs ist eine Grachtenrundfahrt im Abendlicht > S. 54.

TOUR-START:
CENTRAAL STATION 1 📖 b3

Der imposante Hauptbahnhof, 1889 nach Plänen von P. J. H. Cuypers im neugotischen Stil errichtet, ist ein zentraler Anlaufpunkt – und noch lange eine riesige Baustelle. Am Vorplatz gibt es Infobüros von VVV und GVB, Straßenbahnhaltestellen sowie Bootsanleger › S. 54.

DAM 2 📖 c2

Der neonbunte Damrak führt zum Dam, Hauptplatz der Altstadt, Treffpunkt junger Traveller und Bühne für Straßenkünstler. Jedes Jahr am Abend des 4. Mai wird hier am Nationalen Monument, einem Obelisken, der Opfer des Zweiten Weltkriegs gedacht.

Das **Koninklijk Paleis,** das Jacob van Campen 1665 als städtisches Rathaus erbaute, zeugt vom Wohlstand Amsterdams im Goldenen Jahrhundert. 13 659 Fichtenstämme aus Skandinavien geben ihm Halt auf dem morastigem Untergrund. Heute bietet der Königspalast den prächtigen Rahmen für Staatsbesuche u.Ä. (an Veranstaltungstagen geschl., sonst tgl. 10–17 Uhr, Tel. 020/522 61 61, www.paleisamster dam.nl).

In der Krönungskirche **Nieuwe Kerk,** einer spätgotischen Kreuzbasilika, finden Ausstellungen und Orgelkonzerte statt (tgl. 10–17 Uhr, www.nieuwekerk.nl).

PRINSENGRACHT ⭐ 📖 a2–d4

In der **Westerkerk** 3 📖 b1 wurde Rembrandt beigesetzt – doch bis heute konnte sein Grab in der dreischiffigen, 1620 bis 1631 nach Plänen von Hendrick de Keyser erbauten Basilika nicht lokalisiert werden (April–Sept. Mo–Sa 10–15, sonst Mo–Fr 10–15, Gottesdienst So 10.30 Uhr, www.wester kerk.nl).

💬 **DER GRACHTENGÜRTEL**

Die Grachten – wörtlich Gräben – wurden zunächst zur Verteidigung beiderseits der Amstel angelegt. Zu Beginn des 17. Jhs. entstand der konzentrische Grachtengürtel aus Heren-, Keizers- und Prinsengracht, der wenig später am östlichen Ufer der Amstel erweitert wurde. Schmale Radialgrachten und -straßen teilen das alte Zentrum in 90 künstliche Inseln, die rund 400 Brücken miteinander verbinden.

Das Graben des Grachtensystems, das Unterpfählen und Mauern der Kais, das Aufschütten des Baugeländes sowie die Errichtung der Bollwerke und Tore gehören neben der Einpolderung früherer Meeresbuchten und dem Deichbau zu den größten Bauleistungen des Landes. Die Arbeiten mussten damals per Hand mit Spaten und Schubkarre verrichtet werden. Doch die Stadtväter wussten sich zu helfen und beschafften sich auf einfache Weise billige Arbeitskräfte: Wer in Amsterdam straffällig wurde, kam zum Arbeitseinsatz an die Grachten.

Besucherschlangen weisen den
Weg zum **Anne Frank Huis** 4 🔖 b1,
einem Patrizierhaus an der Prinsengracht. Im Hinterhaus versteckte
sich die jüdische Familie des Mäd-
chens 1942–44, bevor sie von der
Gestapo verhaftet und in Konzent-
rationslagern ermordet wurde. Hier
schrieb Anne ihr erschütterndes
Tagebuch. Die Einrichtung des Ver-
stecks ist im Originalzustand erhalten (April–Okt. tgl. 9–22, Nov. bis
März So–Fr 9–19, Sa bis 21 Uhr,
10 €, nur (!) Onlinetickets mit Zeit-
fenster, www.annefrank.org).

Nordwestlich des Anne Frank
Huis lphnz sich ein ausgedehnter
Bummel durch das idyllische Viertel Jordaan mit schmucken Hofjes
und gemütlichen Cafés.

BEGIJNHOF 5 🔖 c2
Die Oase der Stille verbirgt sich hinter einer Pforte am Spui, neben der
Shoppingmeile Kalverstraat. In den
bescheidenen Renaissancehäuschen
aus dem 14. Jh. lebten bis Mitte des
20. Jhs. gläubige Frauen des Ordens
der Beginen. Ein kleines Bronze-
denkmal neben der Englischen Kapelle auf dem Hof erinnert an sie
(Mo–Fr 9–18.30, Sa/So bis 18 Uhr).

DE WALLETJES 🔖 b2/c3
Im Rotlichtbezirk zwischen Dam
und Kloveniersbrugwal machen
sich Boutiquen junger Designer
und schicke Shops zwischen Sex-
theatern und Bordellfenstern der
Prostituierten breit, die um die ehrwürdige **Oude Kerk** 6 🔖 b2 ihre
Dienste anbieten. Die Kirche aus
dem 14. Jh. zieren drei gotische

Glasfenster und prachtvolle Grab-
mäler (Mo–Sa 10–18, So 13–17.30,
Glockenspiel Di 15, Sa 16 Uhr,
www.oudekerk.nl).

MUSEUM ONS LIEVE HEER OP SOLDER 7 🔖 b3
Hauptattraktion dieses in ein Museum umgewandelten Grachtenpalais
des 17. Jhs. ist die barocke Geheimkirche Ons lieve Heer op Solder auf
dem Dachboden (Mo–Sa 10–17, So
13–17 Uhr, www.opsolder.nl).

TOUR 2

HAFENGEBIET IM WANDEL

> **ROUTE:** Montelbaanstoren › NEMO ›
> Hortus Botanicus › Zoo › Tropenmu-
> seum
>
> **KARTE:** Seite 50
> **DAUER:** 1 Tag (mit Museumsbesuchen)
> **PRAKTISCHE HINWEISE:**
> • Ohne Abstecher zu Fuß machbar.
> • Oostelijk Havengebied mit Tram 26

TOUR-START:
AM OOSTERDOK 🔖 b/c4
Der 1512 erbaute Wachturm **Montelbaanstoren** 8 🔖 c4 hieß früher
im Volksmund »Malle Jaap« (Dum-
mer Jakob), da seine Uhr ständig
falsch ging. Im Oosterdok nebenan
legten im 17. Jh. die Schiffe der Ost-
und Westindischen Compagnie an.

Vorm **Scheepvaartmuseum** 9, das sich der holländischen Schifffahrt widmet, liegt der Nachbau des Handelsschiffes »Amsterdam« aus dem 18. Jh. (tgl. 9–17 Uhr, 16 €, www.hetscheepvaartmuseum.nl).

Gegenüber ragt das futuristische **NEMO Science & Technology Museum** 10 ▮ b4 des Architekten Renzo Piano wie ein Schiffsbug aus den Wellen des IJ. Spannende Experimente bringen vor allem Kindern technische Abläufe nahe. Die tolle

Dachterrasse (Juli/Aug.) mit Café und Spielplatz ist frei zugänglich (Di–So 10–17.30 Uhr, 16,50 €, www.e-nemo.nl).

MUZIEKGEBOUW UND BIMHUIS 11 ▮ b4

In dem hypermodernen Konzerthallenkomplex erklingen hauptsächlich neuere Kompositionen (www.muziekgebouw.nl). Jazz und Weltmusik haben ihr Domizil im BIMHUIS (www.bimhuis.nl).

TOUREN IN AMSTERDAM

TOUR ❶
ALTSTADTSPAZIERGANG
1 Centraal Station
2 Dam
3 Westerkerk
4 Anne Frank Huis
5 Begijnhof
6 Oude Kerk
7 Museum Ons lieve Heer op Solder

TOUR ❷
HAFENGEBIET IM WANDEL
8 Montelbaanstoren
9 Scheepvaartmuseum
10 NEMO
11 Muziekgebouw/Bimhuis
12 Archipel (Oostelijk Havengebied)
13 Hortus Botanicus
14 Zoo
15 Tropenmuseum

TOUR ❸
STIPPVISITE BEI DEN ALTEN MEISTERN
16 Leidseplein
17 Rijksmuseum
18 Stedelijk Museum
19 Van Gogh Museum
20 Hermitage Amsterdam
21 Waterlooplein
22 Joods Historisch Museum
23 Rembrandthuis

ARCHIPEL 12 📖 F7

Die Tramlinie 26 verkehrt ins östliche Hafengebiet, Oostelijk Havengebied oder Archipel, wie es die Amsterdamer getauft haben. Es vereint intelligenten Wohnungsbau mit architektonischen Visionen, innovative Geschäftsideen mit künstlerischer Vielfalt. Neben spektakulären Bauten internationaler Stararchitekten beeindruckt die knallrote Pythonbrug zwischen Sporenburg und Borneo-Eiland.

PLANTAGEVIERTEL 📖 c/d4

Südlich des Entrepotdok liegt das vornehme Plantagenviertel. Im **Hortus Botanicus** 13 📖 d4, dem Botanischen Garten, kann man sich in der Blütenpracht aus aller Welt verlieren (tgl. 10–17 Uhr, 9,50 € www.dehortus.nl).

Der **Zoo Natura Artis Magistra** 14 📖 d4 ist sowohl wegen der exotischen Tiere als auch wegen seiner Pflanzenwelt einen Besuch wert (tgl. 9–17, Sommerzeit bis 18 Uhr,

Juni–Aug. Sa bis Sonnenuntergang, 23 €, www.artis.nl).

Das **Tropenmuseum** `15` im Oosterpark ist mit interaktiven Ausstellungen über ferne Länder ideal für Familien (Di–So 10–17 Uhr, 15 €, www.tropenmuseum.nl).

TOUR 3

STIPPVISITE BEI DEN ALTEN MEISTERN

ROUTE: Leidseplein › Rijksmuseum › Stedelijk Museum › Van Gogh Museum › Magere Brug › Hermitage Amsterdam › Joods Historisch Museum › Rembrandthuis

KARTE: Seite 50
DAUER: 1 Tag (mit Museumsbesuchen)
PRAKTISCHER HINWEIS:
- Tickets für Rijksmuseum, Stedelijk und Van Gogh Museum am besten online kaufen, um lange Warteschlangen zu vermeiden. Besonders groß ist der Besucherandrang zwischen 11 und 14 Uhr.

TOUR-START:
LEIDSEPLEIN `16` 📖 d1
Neben dem Rembrandtplein ist der rund um die Uhr belebte Leidseplein das Party- und Nightlifezentrum der Stadt. Das **Café Americain** (American Hotel, Leidsekade 97, www.cafeamericain.nl) im Jugendstil ist ein exklusiver Treff.

Auf der anderen Seite der Singelgracht erstreckt sich die große grüne Lunge des **Vondelparks** und das weltberühmte Museumsviertel.

RIJKSMUSEUM `17` ⭐ 📖 e1
Die Sammlungen des Museums umfassen Kunst, Kunsthandwerk und Exponate aus der niederländischen Geschichte vom Mittelalter bis ins 21. Jh. Vor allem beherbergt das Museum die bedeutendste Gemäldesammlung niederländischer Meister, wie Rembrandts »Nachtwache«. Das 1885 eröffnete Neorenaissancegebäude überzeugt mit einem modernen Ausstellungskonzept (tgl. 9–17 Uhr, 17,50 €, Tel. 020/662 14 40, www.rijksmuseum. nl). › mehr S. 16 Punkt 30

STEDELIJK MUSEUM `18` 📖 e1
Das Museum gehört zu den renommiertesten für Kunst des 19. bis 21. Jhs., von den französischen Impressionisten bis zur Gegenwart. Alle wichtigen Kunstströmungen sind mit Meisterwerken vertreten, etwa von Monet, Cézanne, Picasso, Kandinsky und Mondriaan. Ein Umbau bescherte dem Museum 2012 mehr Platz für Ausstellungen (tgl. 10–18, Fr bis 20 Uhr, 17,50 €, www.stedelijk.nl).

VAN GOGH MUSEUM `19` ⭐ 📖 e1
Neben Skizzen, Zeichnungen und Aquarellen besitzt das Museum viele der wichtigsten Gemälde des Malers Vincent van Gogh (1853–1890) sowie einiger Zeitgenossen. Der kühl-moderne Pavillon (1999) des

Die »Magere Brug« wird für größere Schiffe auf der Amstel mehrmals täglich hochgezogen

Japaners Kisho Kurokawa ergänzt den eigenwilligen Museumskomplex (1973) von Gerrit Rietveld (tgl. 9–18, Fr bis 21 Uhr, 18 €, Tel. 020/570 52 52, www.vangoghmuseum.nl). › mehr S. 12 Punkt ❹

AN DER AMSTEL ◪ d3–e4
Ein Bummel durch den südlichen Grachtengürtel endet an dem Fluss Amstel, den u. a. die schmale **Magere Brug** überquert. Die weiß lackierte, hölzerne Zugbrücke, die bereits 1672 erbaut wurde, gehört zu den nostalgischen Wahrzeichen von Amsterdam.

Wenige Schritte weiter präsentiert die **Hermitage Amsterdam 20** ◪ d3 als Dependence der Petersburger Eremitage Kunstschätze im ehrwürdigen Rahmen eines ehemaligen Klosters (tgl. 10–17 Uhr, 25 €, www.hermitage.nl).

WATERLOOPLEIN 22 ◪ c/d3
Am Waterlooplein findet täglich außer sonntags ein großer Flohmarkt vor dem **Stopera** genannten Gebäudekomplex aus Stadhuis, dem Rathaus, und der Oper statt. In einer Passage zwischen den Gebäudeteilen hebt und senkt sich in einer gläsernen Säule der Wasserpegel im Takt der Gezeiten. Bei Ebbe fällt er unter das Niveau des Fußbodens, bei Hochwasser steigt er den Besuchern über den Kopf. Das Gebäude, das wie der größte Teil Amsterdams unter dem Meeresspiegel liegt, würde also ohne Deiche von den Nordseefluten überschwemmt.

JOODS HISTORISCH MUSEUM 23 ◪ d3
Das Museum, das sich in der ehemaligen Großen Synagoge der Geschichte der Juden in Amsterdam

und widmet, birgt eine der weltweit wichtigsten Ausstellungen über jüdische Kultur (tgl. 10–17 Uhr, 15 €, Tel. 020/531 03 10, www.jhm.nl).

REMBRANDTHUIS 24 ◗ c3

Vom Joodse Buurt, dem alten Judenviertel, sind noch einige Gebäude erhalten, darunter das schmucke **Rembrandthuis** 24 ◗ c3, das der

---

💬 KUNST ERLEBEN

Ausgefeilte Lichtkonzepte, hypermoderne Präsentationstechniken und das durchgestylte Rundherum tragen wesentlich dazu bei, dass das Rijksmuseum und das Stedelijk Museum nach wie vor Kunsttempel von Weltrang sind und ihr Besuch zu einem Erlebnis wird.

Die berühmtesten und wertvollsten Werke der großen niederländischen Meister von Rembrandt bis Piet Mondriaan sind ohne großes Gedränge für die Öffentlichkeit zugänglich, gleichzeitig sind sie jedoch optimal vor Anschlägen und Diebstählen gesichert.

Doch nicht nur hier, auch im lichtdurchfluteten Kroeller-Müller-Museum im Nationalpark Hoge Veluwe > S. 123, im eleganten Frans-Hals-Museum (Hof) von Haarlem > S. 105 oder im schicken CoBrA-Museum von Amstelveen > S. 56 kann man erleben, wie einfallsreich niederländische Kuratoren ihre Kunstschätze präsentieren.

Meister 1639 bezog und in dem er 20 Jahre lang wohnte und arbeitete. Einige seiner Radierungen und Zeichnungen, aber auch Werke seiner Schüler, Räume im Stil des »Goldenen Jahrhunderts« sowie eine Videoinstallation sind hier zu bewundern (tgl. 10–18 Uhr, 13 €, www.rembrandthuis.nl).

INFO

Amsterdam VVV ◗ b3
• Stationsplein 10
  1012 AB Amsterdam
  Tel. 020/702 60 00
  www.iamsterdam.com

Last Minute Ticket Shop
Die online gebuchten Tickets für diverse Veranstaltungen kommen per Mail.
• www.lastminuteticketshop.nl

Die **I amsterdam City Card** umfasst neben einer Grachtenfahrt die freie Nutzung öffentlicher Verkehrsmittel, freien oder ermäßigten Eintritt in Museen sowie Rabatte in Geschäften und Restaurants. Sie gilt 1, 2, 3 oder 4 Tage (59, 74, 87 bzw. 98 €, www.iamsterdam.com/de/i-am).

VERKEHR

• Trambahnen, Busse und zwei U-Bahn-linien erschließen das Zentrum. Günstige Verbundkarten erhält man u. a. im GVB-Büro am Stationsplein (gegenüber dem Hauptbahnhof, www.gvb.nl) und beim Amsterdam VVV.
• Sehr zu empfehlen ist eine **Grachten-rundfahrt**. Die Anleger der Reedereien befinden sich um den Bahnhofsvorplatz, April–Okt. werden Themenfahrten angeboten (Info beim VVV, Abfahrten alle 30 Min.). > mehr S. 12 Punkt ❽

HOTELS

Lloydhotel €€€–€€ 📖 F7

Architektonisch und konzeptionell einzig-
artiger Treffpunkt für Weltenbummler mit
originellen Zimmern in allen Preiskategori-
en im östlichen Hafengebiet.

• Oostelijke Handelskade 34
  Amsterdam | Tel. 020/561 36 36
  www.lloydhotel.com

Hotel V Frederiksplein €€ 📖 e3

Designhotel mit coolem Schick.

• Weteringschans 136 | Amsterdam
  Tel. 020/662 32 33 | www.hotelv.nl

Pillows Anna van den Vondel €€ 📖 F7

Geschmackvoll individuell gestylte Zimmer
in mehreren Häusern aus dem 19. Jh. in der
Nähe des Vondelparks. Hübscher Garten.

• Anna van den Vondelstraat 6
  Amsterdam | Tel. 020/683 30 13
  www.pillowshotels.com

Seven Bridges €€ 📖 d3

Stilvoll-exquisite und mit Antiquitäten ausgestattete Unterkunft im Zentrum. Die
Zimmer in dem alten Grachtenhaus sind
über steile Treppen zu erreichen.

• Reguliersgracht 31 | Amsterdam
  Tel. 020/623 13 29
  www.sevenbridgeshotel.nl

RESTAURANTS

Blauw Amsterdam €€ 📖 F7

Die vielen Tellerchen mit pikant gewürzten
Spezialitäten einer indonesischen rijsttafel
(Reistafel) gehören zu den exotischen Gau-
menfreuden Amsterdams.

• Amstelveenseweg 158–160
  Amsterdam
  Tel. 020/675 50 00
  www.restaurantblauw.nl
  Mittags geschl.

Hotel Seven Bridges

De Kas €€ 📖 F7

In einem umgebauten Gewächshaus der
Amsterdamer Stadtgärtnerei bereitet Gert
Jan Hageman junge mutige Bioküche zu.
Viele Zutaten wachsen direkt vor Ort.

• Kamerlingh Onneslaan 3 | Amsterdam
  Tel. 020/462 45 62
  www.restaurantdekas.nl
  So. geschl.

Sluizer €€ 📖 d3

Bei Anwohnern und Besuchern beliebtes
Lokal mit Fisch- und Fleischspezialitäten.

• Utrechtsestraat 41–45 | Amsterdam
  Tel. 020/622 63 76 | www.sluizer.nl
  Mittags geschl.

Café 't Smalle € 📖 b1

Bewährte Stammkneipe im Jordaan mit
gemütlicher Galerie über der Gaststube.
Besonders lecker sind die Suppen.

• Egelantiersgracht 12 | Amsterdam
  Tel. 020/623 96 17 | www.t-smalle.nl

SHOPPING

Albert-Cuyp-Straßenmarkt 🔖 F7
Im Ausgehviertel De Pijp locken Multikulti-Kitsch und Schnäppchen.
- Albert-Cuypstraat | Amsterdam
  Mo–Sa 9.30–17 Uhr

Bloemenmarkt 🔖 d2
Der Blumenmarkt am Singel zwischen Koningsplein und Muntplein ist ein Erlebnis für alle Sinne. > mehr S. 17 Punkt **37**
- Singel | Amsterdam
  tgl. 9–18.30 Uhr

NACHTLEBEN

Stadsschouwburg 🔖 d1
Tanz- und Theaterevents.
- Leidseplein 26 | Amsterdam
  Tel. 020/523 77 00 | www.ssba.nl

Paradiso e1
Konzerte von Pop- und Latinstars.
- Weteringschans 6 | Amsterdam
  Tel. 020/62 64 52
  www.paradiso.nl

AUSFLÜGE VON AMSTERDAM

AMSTELVEEN 🔖 F7
Die kreativen Experimente der 1948 bis 1951 bestehenden Künstlergruppe CoBrA um Karel Appel und Asger Jorn, die sich »einem figürlichen Expressionismus« verpflichtet fühlte, präsentiert das **CoBrA Museum** ⭐ (Sandbergpl. 1, 1181 ZX Amstelveen, www.cobra-museum.nl, Di–So 11–17 Uhr, 12 €).

Der 1939 angelegte Naturgarten **De Braak** sowie der 1940 von Dr. J. P. Thijsse geschaffene **Park** sind ein Refugium für Stadttouristen und bedrohte Wildpflanzenarten gleichermaßen (Zugänge am Amsterdamse Weg).

VERKEHR
- Die Kleinstadt 8 km südlich des Amsterdamer Zentrums erreicht man ab Amsterdam Centraal Station mit der **Metro 51** (Südlinie) sowie der **Tram 5** (auch ab Museumsplein).

ZAR-PETER-HAUS UND ZAANSE SCHANS 🔖 E7
Das schlichte **Czaar Petershuisje**, in dem der russische Zar 1697 als Zimmermannslehrling gewohnt haben soll (Krimp 23, April–Sept. tgl. 10–17, sonst Di–So 10–17 Uhr, 3 €), sowie das **Freilichtmuseum Zaanse Schans** mit Gebäuden aus dem 17./18. Jh. sind die Attraktionen des Polderlandes nördlich von Amsterdam. Windmühlen, Käserei, Holzschuhmanufaktur und ein Museum erinnern an den Dorfalltag anno dazumal (Schansend 7, www.zaanseschans.nl, tgl. 9–17 Uhr, 15 €).

VERKEHR
Der **Connexxion-Bus 391** (www.bus391.nl) fährt ab Amsterdam Centraal Station nach Zaanse Schans ca. 40 Min. Der **Nahverkehrszug** benötigt von Amsterdam zum Bahnhof Zaandijk-Zaanse Schans 17 Min., von dort sind es 15 Min. Fußweg. Vom Bahnhof Zaandam zum Czar Petershuisje geht man 10 Min. Vom Bahnhof erreicht man das Freilichtmuseum in 25–30 Min. mit dem NS-Sprinter oder Connexxion-Bus 69. Alternativ kann man beide Attraktionen im Rahmen einer etwa 35 km langen Fahrradtour besuchen.

DER REIZVOLLE NORDEN

Im Hafen von Harlingen liegen auch einige historische Segelschiffe, wie dieser Ewer mit Plattboden

Wasser ist das bestimmende Element in Friesland. Wattwanderungen, Strandsegeln mit dem Blokart, Bootstouren und Badespaß ziehen viele Urlauber in den Norden der Niederlande und auf die fünf Inseln im Wattenmeer.

Was entsteht, wenn technisch versierte Menschen der rauen Nordsee Land zum Siedeln und Bebauen abringen, kann man vielerorts im Norden des Landes erleben: Deiche und Wehre schützen die Felder vor Sturmfluten, ein windiger Fahrdamm durchschneidet das IJsselmeer. Hunderttausende Besucher genießen hier jedes Jahr einen »amphibischen« Urlaub: Von der Wattwanderung über Bootstouren auf den friesischen Seen bis zum Kulturgenuss im Grachtenidyll von Leeuwarden und Groningen reichen die Möglichkeiten.

Das Wattenmeer der Nordsee steht seit Kurzem auf der Liste des UNESCO-Weltnaturerbes. Zwar ist die Region inzwischen touristisch stark erschlossen, die Verantwortlichen bemühen sich dennoch um den Schutz des sensiblen maritimen Ökosystems. Den südlichen Teil des Naturraums bilden die friesischen Watteninseln Texel, Vlieland, Terschelling, Ameland und Schiermonnikoog. Texel und Terschelling bieten als große Urlaubszentren während des Sommers nicht nur trubeliges Strand-, sondern auch buntes Nachtleben.

Groninger Museum – Avantgarde inmitten der traditionellen Grachten

TOUREN IN DER REGION

TOUR
4

FRIESISCHE IMPRESSIONEN

ROUTE: Groningen › Leeuwarden › Harlingen › Sneek › Hindeloopen › Lemmer › Giethoorn › Meppel › Nationalpark Dwingelderveld › Groningen

KARTE: Seite 62
DAUER: 3 Tage (ca. 350 km)
PRAKTISCHE HINWEISE:
- Das ländliche Friesland kann man am besten mit dem eigenen Pkw oder per Fahrrad erkunden.
- Achtung: Wer entlang der Küste radelt, hat meistens Seiten- oder Gegenwind!

TOUR-START:
Eine Rundfahrt ausgehend von der attraktiven Kunst-, Shopping- und Universitätsstadt **Groningen** › S. 61 mit dem spektakulären Groninger Museum führt durch das flache Land nach **Leeuwarden** 10 › S. 65, wo im Princessehof die bedeutendste Keramiksammlung der Niederlande zu bestaunen ist. Ein abendlicher Bummel durch das malerische Städtchen beschließt den ersten Reisetag.

Am zweiten Tag reihen sich die nostalgischen friesischen Städtchen wie Perlen an einer Schnur: **Harlin-gen** 12 › S. 66, **Sneek** 14 › S. 67, **Hindeloopen** 15 › S. 68 und **Lemmer** 17 › S. 69 bieten allesamt friesische Atmosphäre und reizende Ecken. Der ganze Charme der Region konzentriert sich im fast schon museal anmutenden **Giethoorn** 18 › S. 69 mit seinen zahllosen Holzbrücken. Hier verbringt man gerne eine Nacht, zumal abends die Tagestouristen wieder verschwunden sind!

Der dritte Tag führt in die benachbarte Provinz Drenthe, wo sich nordöstlich der Handelsstadt **Meppel** 19 › S. 70 der **Nationalpark Dwingelderveld** 20 › S. 70 erstreckt, Europas größtes Heidefeuchtgebiet. Nach einem ausgedehnten Spaziergang kehrt man wieder nach Groningen zurück.

TOUR
5

SEITENWIND AUF TERSCHELLING

ROUTE: West-Terschelling › Midsland › Oosterend › West-Terschelling

KARTE: Seite 62
DAUER: 1 Tag (ca. 50 km Radtour)
PRAKTISCHER HINWEIS:
- Leihfahrräder erhält man in West-Terschelling bei Haantjes Rijwielverhuur (www.fietsenopterschelling.nl);

Schmucke Giebelhäuser am Grote Markt von Groningen

- Fahrradroutenführer »Spuren im Sand« bei VVV und Souvenirläden;
- Mo–Sa 10.30 Uhr Käsereiführung in Lies mit Kostproben; Cranberryernte im Sept./Okt.

TOUR-START:

Zwar ist die Insel **Terschellling** 24 › S. 75 nur 30 km lang, doch 70 km Radwege durch Dünen und Polder bieten ein sportliches Tagesprogramm. Bequeme Wege führen vom Hauptort West-Terschelling am Ferienzentrum Midsland vorbei ins Inselinnere zur Käserei auf dem Pieter Peit's Hoeve in Lies. Dann radelt man, meist bei Gegenwind, ins Oosterend und zum Aussichtspunkt am Kapitein Rob Monument, wo sich an den Sandstränden sicher ein ruhiger Fleck zum (Sonnen-) Baden oder Picknicken findet. Für die Rückfahrt empfiehlt sich die Strecke an der Südflanke von Ter-

schelling. Wer gern frische Früchte nascht, sollte im Herbst die Cranberryfelder bei West aan Zee ansteuern. Die Vitamin-C-reichen Beeren sind eine Spezialität der Insel.

VERKEHRSMITTEL

- Im Großraum Groningen bedienen die Citybusse viele Ziele. Im dünn besiedelten Friesland sowie den angrenzenden Regionen der Provinz Drenthe ist das eigene Fahrzeug unabdingbar, auf den Watteninseln sind Fahrräder zu empfehlen.

WICHTIGE ADRESSEN

Merk Fryslân 🏛 H2
- Zuidergrachtswal 2 | 8933 AD Leeuwarden
  Tel. 058/233 07 40 | www.merkfryslan.nl

Provincie Drenthe 🏛 K3
- Westerbrink 1 | 9405 BJ Assen
  Tel. 05 92/36 55 55 | www.drenthe.nl

www.frieslandniederlande.de
Informationen zu 11 friesischen Städten und dem Wattenmeergebiet mit 5 Inseln.

UNTERWEGS IM NORDEN

GRONINGEN 1 🏛 K2

Die quirlige Universitätsstadt (202 000 Einw.) lockt mit einer reizvollen Mischung aus Tradition und Avantgarde sowie mit einem abwechslungsreichen Umland. Die Stadt war im Zweiten Weltkrieg das Ziel schwerer Bombenangriffe, was die Mischung verschiedenster Baustile erklärt.

Historisch interessante Architektur findet sich vorwiegend rund um den alten Stadthafen (Noorderhaven) und in den hübschen Hofjes, darunter Sint Anthonygasthuis (Rademarkt 29), Heilige Geestgasthuis (Pelsterstraat 43) und Pepergasthuis (Peperstraat 22).

Im Stadtzentrum überragt der **Martinitoren,** der Turm der gleichnamigen Kirche aus dem 13. Jh., den Marktplatz. Der 97 m hohe »Olle Grieze«, so der Spitzname des Wahrzeichens, bietet die beste Aussicht auf Stadt und Umland (Martinikerkhof 3, April–Okt. Mo–Sa 11 bis 17, Juli/Aug. zusätzlich So 11 bis 16, sonst Mo–Sa 12–16 Uhr).

Das **Groninger Museum** ⭐ ist ebenso Kunst- wie auch historisches Stadtmuseum. Es zeigt Silberarbeiten, alte Meister und zeitgenössische Gemälde in mehreren futuristischen Pavillons – eine Meisterleistung der Architekturavantgarde auf einer künstlichen Insel inmitten der Stadtgrachten (Di–So 10–17 Uhr, 15 €, Tel. 050/366 65 55, www.groningermuseum.nl).

INFO
VVV
- Grote Markt 25 | 9712 HS Groningen
  Tel. 050/313 97 41
  www.toerisme.groningen.nl

HOTEL
Asgard €€
Von Designer Henk Bakker gestaltetes Boutiquehotel mit vielen Naturmaterialien und modernem Komfort.
- Ganzevoortsingel 1 | Groningen
  Tel. 050/368 40 10
  www.asgardhotel.nl

RESTAURANTS
Brasserie SPH €€
Elegantes Hotelrestaurant mit französischer Spitzenküche; große Terrasse.
- Oosterstr. 53 | Groningen
  Tel. 050/318 95 02
  www.schimmelpenninckhuys.nl

't Pannekoekschip €
Grandioses Angebot frischer Pfannkuchen mit Füllungen von herzhaft bis verführerisch süß auf einem Zweimastsegler von 1908. ▶ mehr S. 14 Punkt ⑰
- Schuitendiep 1017 | Groningen
  Tel. 051/312 00 45
  www.pannekoekschip.nl

NACHTLEBEN
Wer nicht im Kneipenviertel um Grote Markt, Peperstraat und Kromme Ellboog um die Häuser zieht, sollte im legendären **Club Vera** ein Konzert besuchen.
- Oosterstr. 44 | Groningen
  Tel. 051/313 46 81
  www.vera-groningen.nl

AUSFLÜGE VON GRONINGEN

Über die Autobahn A7 geht es durch Oost-Groningen, das reiche Bauernland zwischen Dollart und Drenthe, vorbei an den Gewächshäusern um Winschoten, wo vor allem Rosen für den Export gezüchtet werden, Richtung Südosten ins Festungsstädtchen **Bourtange** 2 M3. Die sternförmige Anlage mit ihren mächtigen Außenwerken aus dem 16. Jh. wurde aufwendig restauriert, teils auch rekonstruiert. Nun beherbergen Synagoge, Kasernen, Kapitäns- und Pulverhaus his-

TOUREN IM NORDEN

TOUR 4 FRIESISCHE IMPRESSIONEN

Groningen › Leeuwarden › Harlingen › Sneek › Hindeloopen › Lemmer › Giethoorn › Meppel › Nationalpark Dwingelderveld › Groningen

torisch interessante und interaktiv konzipierte Museen (W. Lodewijkstr. 33, April–Okt. tgl. 10–17, Nov./Dez., Febr.–März Sa/So 11–16 Uhr, 8,50 €, www.bourtange.nl).

Im Nordosten erreicht man **Delfzijl** **3** 📖 L2 (26 000 Einw.), das einen der wichtigsten Häfen der Niederlande umschließt. In einem großen Bunker aus dem Zweiten Weltkrieg zeigt das **Muzeeaquarium**, was unter Wasser in den Meeren lebt und wächst (Zeebadweg 7a, tgl. 10–16.30 Uhr, 8 €, www.muzeeaquarium.nl).

Im nahen **Appingedam** **4** 📖 L2 bietet das historische Stadtbild neben dem schmucken Renaissance-

TOUR **5** **SEITENWIND AUF TERSCHELLING**

West-Terschelling › Midsland › Oosterend › West-Terschelling

rathaus eine Kuriosität: die »hängenden Küchen«, die man aus Platzmangel als weiße Holzvorbauten über das Wasser des Damsterdiep platzierte.

LAUWERSMEER 🖼 J1/2

Der **Nationalpark Lauwersmeer** **5** 🖼 J1/2 um die gleichnamige Bucht ist im Frühjahr und Herbst ein wichtiger Rastplatz für Zugvögel, im Sommer eine entspannte Reiseregion (Infopavillon 🖼 J1: Haven 6, 9976 VN Lauwersoog, www.np-lauwersmeer.nl, April–Sept. Mi–So 11–17, sonst Sa/So 11–16 Uhr,).

Weiter östlich wartet eine Attraktion nicht nur für Kinder. In der **Zeehondencrèche Pieterburen 6** 🖼 K1, einer turbulenten Aufzuchtstation für verlassene junge Seehunde, erfährt man auch viel Interessantes über die ökologischen Zusammenhänge im nahen Wattenmeer (Hoofdstraat 94a, 9968 AG Pieterburen, Tel. 05 95/52 65 26, www.zeehondencreche.nl, tgl. 10 bis 17 Uhr). Südlich von Pieterburen erinnert **Abraham's Mosterdmakerij** mit Laden und Restaurant an die regionale Tradition der Senfherstellung (Molenstraat 5, 9967 SL Eenrum, www.abrahamsmosterdmakerij.nl, Mo/Di, Do geschl., sonst ab 12, Fr ab 17 Uhr).

Kollum 7 🖼 J2 südlich von Lauwersmeer schmückt sich mit dekorativen Giebelhäusern und einem stattlichen Rathaus aus Backstein. Die Pfarrkirche beeindruckt mit einem Turm aus dem 12. Jh. 5 km südlich kann man im Friesischen

Botanischen Garten **De Kruidhof** Abertausende von Pflanzen bewundern, darunter über 400 Heilkräuter (Schoolstr. 29b, 9285 NE Buitenpost, www.dekruidhof.nl, April bis Mitte Okt. Di–Sa 10–17, So 12 bis 17 Uhr, 6.50 €).

Am Ortsrand von **Veenklooster 8** 🖼 J2 bewachen steinerne Löwen die Freitreppe zum Gutshaus **Fogelsangh State** aus dem 17. Jh. Drinnen werden Möbel, Gemälde und Miniaturen sowie die kostbare Sammlung der Groninger Familie Van Iddeking mit feinstem Porzellan präsentiert (Kleasterwei 1, 9297 WR Veenklooster, www.fogelsangh-state.nl, Di–So 13–17 Uhr, 5 €).

DOKKUM 9 🖼 J2

Einst war die nördlichste Stadt der Niederlande (12 500 Einw.) Sitz der friesischen Admiralität und bedeutende Festung am Dokkumer Diep. Bastionen, Wälle, Gärten und Windmühlen laden zum Bummeln ein. Opulent wirken das **Stadhuis** mit einem Rokokosaal und das von der Renaissance geprägte Admiralitätenhaus, in dem das **Streekmuseum** friesische Volkskunst und Geschichte erläutert – u. a. dass man einst auf Kufen aus Knochen über das Eis lief (Diepswal 27, 9101 LA Dokkum, www.museumdokkum.nl, Mo–Sa 10–17 Uhr, 15 €).

Vom nahen Fischerdorf **Holwerd** aus kann man eine geführte Wattwanderung zu den Sandbänken oder nach Ameland machen (Info: VVV Holwerd 🖼 H2, Tel. 05 19/ 29 38 00). › mehr S. 13 Punkt ⑩

LEEUWARDEN 10 📖 H2

Beschauliche Grachtengemütlichkeit empfängt den Besucher im Verwaltungssitz der Provinz Friesland. Die Stadt (108 000 Einw.) wuchs im Mittelalter aus drei Wierden › **Seitenblick** zusammen und ist großenteils noch von Bastionen umgeben.

Bei einem Spaziergang sind die **Sint Bonifatiuskerk** (1882–84) von P. H. J. Cuypers, das schmucke **Stadhuis** am Raadhuisplein mit seinem Glockenspiel von 1668, der 40 m hohe, schiefe **Oldehove-Toren** (Oldehoofster Kerkhof, Mai–Sept. Di–Sa 13–17 Uhr) und das Renaissancegebäude der **Kanselarij**, der Stadtkanzlei am Turfmarkt, die wichtigsten Stationen.

Das **Keramiek Museum Het Princessehof** in einem barocken Stadtpalast birgt die bedeutendste Fayencen- und Porzellansammlung des Landes (Grote Kerkstr. 11, Di bis So 11–17 Uhr, 12,50 €, Tel. 058/294 89 58, www.princessehof.nl).

Das **Fries Museum** befasst sich mit dem künstlerischen Schaffen in der Provinz seit dem 16. Jh. (Wilhelminaplein 92, Di–So 11–17 Uhr, www.friesmuseum.nl). Dokumentiert wird auch das Leben der Spionin Mata Hari, die 1876 als Margarethe Zelle in Leeuwarden zur Welt kam. Auf der Korfmakerspijp hat man ihr ein Denkmal gesetzt.

INFO

VVV
- Sophielaan 4 | 8911 AE Leeuwarden
  Tel. 058/234 75 50
  www.vvvleeuwarden.nl

HOTELS

Eden Oranje-Hotel €€€
Gehobenes Hotel in einem historischen Gebäude vis-à-vis vom Bahnhof, gute Küche.
- Stationsweg 4 | Leeuwarden
  Tel. 058/212 62 41
  www.oranjehotelleeuwarden.com

't Anker €
Einfache helle Zimmer in der Altstadt mit oder ohne eigenem Bad, sowie Schlafsaal.
- Eewal 73 | Leeuwarden
  Tel. 058/212 52 16 | www.hotelhetanker.nl

RESTAURANT

Spinoza €
Lokal mit Biokost und hübschem Innenhof.
- Eewal 50–52 | Leeuwarden
  Tel. 058/212 93 93
  www.eetcafespinoza.nl

💬 **WIERDEN**

Wer einst im flachen Friesland auch bei Sturmflut und Überschwemmungen trocken wohnen wollte, schüttete sich einen Erdhügel auf. Diese sog. Terpen oder Wierden kann man mancherorts noch erkennen. In **Hoogebeintum** steht ein romanisches Tuffsteinkirchlein mit 15 prächtigen Totentafeln auf einer 12 m hohen Wierde. In **Ezinge** ist den künstlichen Wohnhügeln sogar ein kleines Museum gewidmet.
- **Wierdenmuseum** 📖 K2
  Torenstraar 12
  9891 AD Ezinge
  www.wierdenland.nl
  Di–Fr 10–17, Sa/So 13–17 Uhr, 6 €

FRANEKER 11 📖 G3

Die wohl schönste der elf friesischen Städte wird umschlossen von einem Grachtengürtel, in dessen Kern sich kleine, schiefe Häuser aneinanderschmiegen. Fotogen sind auch die Professoren- und Teehäuser am Alten Wall sowie das reizende **Korendragershuis,** das Haus der Kornträger (Eisingastraat).

Die kulturhistorische Kuriosität der Stadt (21 000 Einw.) liegt versteckt hinter einer schlichten Backsteinfassade: das **Planetarium** 2 des Wollkämmerers und Tüftlers Eise Eisinga (1744–1828). Im 18. Jh. montierte er ein noch heute funktionierendes, maßstabsgetreues Modell unseres Sonnensystems an die Decke seines bescheidenen Wohnzimmers. Präzise zeichnet es dort seit mehr als 200 Jahren den Lauf der Planeten nach (Eise Eisingastr. 3, Di–Sa 10–17, So 11–17, April bis Okt. auch Mo 11–17, 5,50 €, www.planetarium-friesland.nl).

HARLINGEN 12 📖 G3

Die meisten Urlauber setzen vom Fährhafen über zu den Watteninseln Vlieland › S. 74 und Terschelling › S. 75, doch die Stadt (17 000 Einw.) lädt mit 500 Giebelhäusern aus dem 17.–19. Jh. zu Spaziergängen an stillen Grachten ein.

Im **Gemeentemuseum Hannemahuis** wird mithilfe alter Stadtpläne und detailgetreuer Schiffsmodelle die Harlinger Geschichte dargestellt. Daneben sind Mobiliar, Gemälde, Kupferstiche, Fayenceflie-

sen und friesisches Silber zu bewundern (Voorstr. 56, Di–So 12–17 Uhr, www.hannemahuis.nl).

Am Westerzeedijk hat man dem spanischen Statthalter Caspar di Robles zum Dank für seine Hilfe beim Deichbau nach der Sturmflut von 1570 ein Denkmal gesetzt, den **Steenen Man.**

HOTEL

Originelle Nachtquartiere kann man am Hafen der Krabbenfischer buchen: In der Kanzel eines Hafenkrans sowie in der Spitze eines Leuchtturms und auf einem alten Rettungsboot wurden maritim-exzentrische Zimmer mit allem Komfort eingerichtet.

• **Dromen aan Zee** €€€
  8862 NZ Harlingen | Tel. 05 17/41 44 10
  www.vuurtoren-harlingen.nl

BOLSWARD 13 📖 G3

Die kleine Hansestadt fasziniert mit ihrem harmonischen Ensemble von Grachten und Bollwerken. Auch eine skurrile Tjasker-Windmühle (der kleinste Windmühlentyp) ist hier zu bestaunen. Bürgerstolz manifestiert sich im **Oudheidkamer Stadhuis,** der stadtgeschichtlichen Sammlung im alten Rathaus. Das Gebäude aus dem 17. Jh. ist exemplarisch für den niederländischen Manierismus (Jongemastr. 2). Die hohen Fenster im Chor der gotischen **Martinikerk** (Grote Kerkhof) lassen viel Licht ins Kirchenschiff strömen, Gewölbemalereien zeigen Szenen aus dem Marienleben, reiches Schnitzwerk schmückt die Chorbänke.

HOTEL

Het Weeshuis €€

Das kleine, charmante Familienhotel mit Restaurant ist ein einem schönen Gebäude von 1553 untergebracht und bietet großzügig gestaltete, komfortable Zimmer. Gefrühstückt wird gemeinsam an einem langen Tisch.

• Kerkstraat 53 | 8701 HR Bolsward
  Tel. 05 15/85 56 66
  www.hotelhetweeshuis.nl

AUSFLUG VON BOLSWARD

Südwestlich von Bolsward verbindet die ungefähr 20 km lange **Aldfaers Erf Route** ◗ G3/4 die friesischen Museumsdörfer **Allingawier**, **Exmorra** und **Piaam** sowie das **Landgut Allingastate**. Hier wird das Erbe der Vorfahren in nostalgischen Bauernhöfen, Backstuben, Werkstätten und Schulen gepflegt, sodass Besucher den bäuerlichen Alltag des 19. und 20. Jhs. nacherleben können. Die Bewohner dieser Dörfer tragen oft noch Tracht und bieten ihre Produkte auch zum Kauf an (Info: Stichting Aldfaers Erf Route, Meerweg 4, 8758 LC Allingawier, Tel. 05 15/23 16 31, April–Okt. Di bis So 10–17 Uhr, www.hetfriese museumdorp.nl).

SNEEK 14 ⭐ ◗ H3

Frieslands zweitgrößte Stadt (33 000 Einw.) lebt vor allem von den Wassersportlern. Ihr markantes Wahrzeichen, das doppeltürmige

Harlingen mit seinen Grachten und Giebelhäusern ist mehr als nur ein Fährhafen

Das prächtigste von vier Wassertoren in Sneek ist das über dem Hoogendsterpijp

Sneeker Waterpoort, ist im Sommer malerische Kulisse, wenn sich die Besucher beim Plattbodensegeln (*Skûtsjesilen*) vergnügen. Im Winter tummeln sich Schlittschuhläufer auf den Kanälen.

Das schönste Bauwerk ist das im 16. Jh. errichtete **Stadhuis** (Markt-str. 15) mit seinem im 18. Jh. vorgesetzten Rokokogiebel. Das **Fries Scheepvaart Museum** zur Geschichte der Seefahrt des 17. bis 20. Jhs. zeigt neben Schiffsmodellen u. a. Navigationsinstrumente, Einrichtungen an Bord, Kleidung und Ausstattung von Seeleuten sowie diverse Zeichungen und Gemälde (Kleinzand 14, Mo–Sa 10–17, So 12–17 Uhr, 7,50 €, Tel. 05 15/41 40 57, www.friesscheepvaartmuseum.nl).

INFO

VVV

- Fries Scheepvaartmuseum
  Kleinzand 16 | 8601 BH Sneek
  Tel. 05 15/75 06 78
  www.vvvsneek.nl

HOTEL

Amicitia €€

Außen nüchtern, innen schick bis opulent. Modern-freundliche Standard- und fünf originelle Themenzimmer, ambitioniertes Restaurant mit herrlicher Sonnenterrasse.
- Graaf Adolfstraat 37 | Sneek
  Tel. 05 15/43 68 00
  www.amicitiahotel.nl

RESTAURANTS

Klein Java €–€€

Freundliches indonesisches Restaurant mit Terrasse. › mehr S. 13 Punkt ⑫
- Wijde Noorderhorne 18 | Sneek
  Tel. 05 15/43 24 98 | www.kleinjava.nl
  Mo geschl.

Onder de Linden €–€€

Regionaltypische Gerichte, Garten mit schattigen Linden.
- Marktstraat 30 | Sneek
  Tel. 05 15/41 26 54
  www.restaurantonderdelinden.nl
  Mo geschl.

AM IJSSELMEER ▮ F4–H6

Das romantische Städtchen **Hinde-loopen** ⑮ ▮ G4 am IJsselmeer erblühte einst durch den einträglichen Seehandel, die schmucken Kapitänshäuser und die Ausstellung im **Museum Hidde Nijland** verweisen auf das einträgliche Goldene Jahrhundert an der Zuiderzee (Dijkweg

1, April–Okt. Mo–Fr 11–17 Uhr, Sa/So 13.30–17 Uhr, www.museum hindeloopen.nl).

Wenige Kilometer südlich ist **Stavoren** 16 🏛 G4, die älteste Stadt Frieslands, eines der bedeutenden Wassersportzentren am IJsselmeer. Der gemütliche Stadtkern bietet sich außerdem für einen angenehmen Bummel an. Oder man unternimmt einen Ausflug, denn zwischen Stavoren und **Enkhuizen** › S. 109 pendelt die Salonfähre Bep Glasius (Mai–Sept. 10.10, 14.10 und 18.10 Uhr; Fahrradmitnahme möglich, www.veerboot.info).

In **Lemmer** 17 🏛 H4 steht mit dem **Woudagemaal** die weltweit größte noch betriebene Dampfschöpfwerk. Königin Wilhelmina hatte die Pumpstation zur Regulierung der regionalen Pegel 1920 gestartet. Das Industriedenkmal steht auf der Liste des UNESCO-Weltkulturerbes. Von dem modernen Besucherzentrum führt eine Brücke ins

Werk mit der majestätischen Maschinenhalle und dem angrenzenden Kesselhaus (Gemaalweg 1, Febr. bis Dez. Di–Sa 10–17, So 13 bis 17 Uhr Führungen bis 16 Uhr, www.woudagemaal.nl).

GIETHOORN 18 🏛 J5

Das perfekte Dorfidyll beginnt hinter einer Allee aus mächtigen Pappeln. Zahllose Holzbrücken verbinden die auf Inseln erbauten Häuser. Fischer aus diesem »Klein-Venedig« steuern flache Stechkähne

---

💬 **SCHLITTSCHUHMARATHON** ⭐

Jeden Winter haben die friesischen Feuerwehren einen Nebenjob: Gemeinsam mit dem örtlichen IJsclub (Eisklub) fluten sie Wiesen und legen Eisfelder an mit Bahnen für Kortebaan-Wedstrijden oder Schaatsmarathon – Sprint oder Langstrecke. Überall werden Schlittschuh-Volksläufe – Tourtocht genannt – organisiert und Jahr für Jahr stellen sich die Sportler auf den schnellen Kufen eine Frage: »Wird es endlich wieder eine Elfstedentocht geben?« Überall wartet man auf eine durchgehend dicke Eisschicht, denn nur dann kann dieser traditionelle Schlittschuhmarathon durch elf Städte Frieslands starten. In den vergangenen 105 Jahren war dies nur 15-mal möglich, zuletzt 1997. 16 000 Teilnehmer machten sich auf die 200 km lange Tour von Leeuwarden über Sneek, Stavoren, Hindeloopen und Bolsward wieder nach Leeuwarden. Die schnellsten Läufer erreichen das Ziel schon nach knapp 7 Stunden (www.elfstedentocht.nl).

durch die Grachten und zu Gehöft-
inseln bis nach Staphorst; man kann
auch selbst mit dem Boot auf Erkundungstour gehen.

HOTEL
De Pergola €€
Schmuckes kleines Hotel mit Terrasse und
eigenem Landungssteg. Im Restaurant gibt
es Fischspezialitäten.
• Hylkemaweg 7 | Giethorn
  Tel. 05 21/36 13 21 | www.de-pergola.nl

RESTAURANT
De Lindenhof €€€
Ausgesuchte Köstlichkeiten der Region
kombiniert Sternekoch Martin Kruithof zu
großartigen Menüs, dazu werden erlesene
Tropfen aus dem Weinkeller gereicht. Übernachten kann man in zwei stilvollen Suiten
des romantischen alten Bauernhauses.
• Beulakerweg 77 | Giethorn
  Tel. 05 21/36 14 44
  www.restaurantdelindenhof.nl
  Mo/Di, teils Jan. und März geschl.

MEPPEL 19 J5

Der markante Turm der **Grote Kerk**
(15. Jh.) prägt das Bild der Stadt, die
dank ihrer Jachthäfen und der ausgedehnten Seenflächen des Umlan-
des zu einem Dorado für Wassersportler geworden ist. Das Meppeler
Diep erlaubt Freizeitkapitänen den
direkten Zugang zu den städtischen
Grachten. Sehenswert ist neben der
großen Stadtkirche im Stadtzentrum von Meppel das **Drukkerijmu-
seum.** Hier wird die Kunst der Pa-
pierherstellung, die Entwicklung
der Schrift, das Handwerk des Dru-
ckens und Buchbindens anschau-

lich erläutert (Kleine Oever 11, Tel.
05 22/24 25 65, www.drukkerijmu
seum-meppel.nl, Di–Sa 13 bis
17 Uhr).

HOTEL
De Poort van Drenthe €
Nostalgisches Landgasthaus mit 13 funkti-
onal eingerichteten Zimmern und feiner
Hausmannskost.
• Parallelweg 25 | 7941 HH Meppel
  Tel. 05 22/25 10 80 | www.hotel-meppel.nl

NATIONALPARKS VON DRENTHE

Zwei Nationalparks nördlich bzw.
nordöstlich von Meppel laden zu
ausgedehnten Wanderungen oder
Fahrradtouren ein.
 Europas größtes Heidefeuchtgebiet erstreckt sich in der Provinz
Drenthe und ist geschützt durch
den **Nationalpark Dwingelderveld**
20 K4/5. Im Frühling und Herbst
rasten Tausende Zugvögel in dem
3700 ha großen Gebiet mit ver-
streuten Moorseen und sumpfigen
Senken (Besucherzentrum Dvingel-
derveld K5: Benderse 22, 7963 RA
Ruinen, Tel. 05 22/47 29 51, www.
nationaalpark-dwingelderveld.nl,
April–Sept. tgl. 10–17, sonst Di bis
So 10–17 Uhr).
 Der Ort **Dwingeloo** und das Pla-
netron mit den Radioteleskopen an
der Nordgrenze des Parks sind
durch ihre Erwähnung in Harry
Mulischs Roman »Die Entdeckung
des Himmels« (1992) bekannt (Veranstaltungen meist um 20 Uhr, Programm unter: www.planetron.nl).

FREIHEIT AUF DEM FIETSPAD

Das Fahrrad *(fiets)* ist in den Niederlanden allgegenwärtig, rund 45 000 Kilometer bestens gepflegter Radwege sorgen für geradezu paradiesische Zustände: Es gibt ein eigenes Netz von Fietspaden, die schnellen Verbindungen sind mit weiß-roten, die landschaftlich reizvollen mit weiß-grünen Schildern markiert. An Kreuzungen stehen Radfahrerrampeln, in den Städten gibt es Parkhäuser, Parkuhren und Waschanlagen nur für Drahtesel. Selbst Ordnungshüter sind auf zwei Rädern im täglichen Einsatz. Und natürlich gibt es auch ein Fahrradmuseum, das Nationaal Fietsmuseum Velorama in Nijmegen › S. 118.

Einen Überblick über das Netz der ausgeschilderten Tourenradwege Landeslijke Fietsroutes (LF) sowie einige nützliche Tipps bietet Stichting Landelijk Fietsplatform, die Organisation für Radwandern (www.nederlandfietsland.nl). Topografische Radkarten des Verlags ANWB für regionale Touren gibt es im Buchhandel oder bei den VVV (www.anwb.nl). › mehr S. 12 Punkt ❷

Als Tourenspezialist kombiniert etwa Cycletours das Vergnügen auf zwei Rädern mit dem bei einer Schiffsreise zu Bike & Barge Tours z. B. durch das Tulpenland.

• Cycletours 📘 a4
Gyroscoopweg 104 | 1042 AX Amsterdam
Tel. 020/5 21 84 90 | www.cycletours.com

DRAHTESEL ZU VERLEIHEN ...

Urlauber können ihr Fahrrad auch bequem per Bahn befördern. Für den Transport bis ins Urlaubsgebiet benötigt man eine Internationale Fahrradkarte (www.bahn.de). In den

Nicht nur in Amsterdam gibt es sicher und breit ausgebaute Fahrradstraßen

Niederlanden selbst kann man dann die Tageskarte Dagkaart Fiets nutzen (6,20 €, www.ns.nl).

Ansonsten kann man an mehr als 100 Bahnhöfen preisgünstig Räder mieten und abgeben (Kaution!). Auch in Naturparks wie De Hoge Veluwe stehen Leihräder (mit Kindersitzen) zur Verfügung. Zudem gibt es vielerorts private Verleiher, die auch Tagestouren organisieren.

- Yellow Bike ◪ b2
  Nieuwezijds Kolk 29 | 1012 PV Amsterdam
  Tel. 020/6 20 69 40 | www.yellowbike.nl

RADFAHRER WILLKOMMEN!

In Holland gibt es über 1000 fahrradfreundliche Adressen entlang der Radwege. Hotels und Gaststätten, in denen Radler auch mit plattem Reifen oder regennasser Kleidung willkommen sind, erkennt man am Schild »Fietsers Welkom!« Hier kann man die Wasserflasche auffüllen, Reifen aufpumpen, Radkarten kaufen oder einsehen (www.nederlandfietsland.nl, in Niederländisch: www.allefietserswelkom.nl).

SCHLAFEN BEI FREUNDEN

Die Stiftung Vrienden op de Fiets vermittelt im ganzen Land sowie in Belgien rund 3700 preiswerte Unterkünfte mit Frühstück speziell für Radfahrer. Gegen eine geringe Mitgliedsgebühr erhält man ein Adressverzeichnis und viele praktische Tipps für die Tourenplanung.

- Vrienden op de Fiets ◪ D8
  PO Box 1024
  2340 BA Oegstgeest
  Tel. 088/123 8999
  www.vriendenopdefiets.nl

GEGEN DEN WIND

250 km nordwärts über Dünen und Deiche führt eine sechstägige Küstentour für sportliche Fahrradwanderer. Von Middelburg geht es zunächst über das Sturmflutwehr an der Oosterschelde und Maassluis zu den Nordseebädern Scheveningen, Katwijk und Noordwijk. Nach einem Abstecher in das Zentrum von Haarlem erreicht man schließlich über Bergen aan Zee den Zielort Den Helder.

RIJWIEL VIERDAAGSE

Ein familienfreundlicher Klassiker für Fahrradfahrer ist die viertägige Erkundungstour über die sanften Hügel der Provinz Drenthe. Je nach eigener Lust und sportlicher Kondition kann man täglich zwischen 30 und 150 km zurücklegen und unterwegs die Landschaft der sagenumwobenen Hünengräber ausführlich erkunden.

Einen Terminkalender der vielen Fahrradevents findet man unter www.niederlande.de. Pro Jahr werden etwa 8000 organisierte Touren veranstaltet. Am zweiten Samstag im Mai wird der Nationale Fahrradtag zelebriert!

KLEINES RADLERLEXIKON

Deutsch	Niederländisch
Fahrrad	fiets
Fahrradweg	fietspad
Fahrradverleih	fietsverhuur
Kindersitz	kinderstoeltje
Stadtplan	plattegrond
Flickzeug	bandenplakset
Luftpumpe	fietspomp
Entfernung	afstand

Wenige Kilometer westlich von Dwingeloo liegt, fernab von Hektik und Lärm, das Dorf **Diever** in dem 6150 ha großen Nationalpark **Drents-Friese Wold** `21` ▮ J/K4. Das Schultehuis am Brink beherbergt ein Museum für bäuerliche Wohn-kultur. Der Nationalpark schützt eine ausgedehnte hügelige Heide-landschaft mit einem geschlossenen Waldgebiet (Besucherzentrum Ap-pelscha ▮ K4, Terwissscha 6a, 8426 SJ Appelscha, Tel. 05 16/46 40 20, www.np-drentsfriesewold.nl).

UNTERWEGS AUF DEN WATTENINSELN

Wie fünf grün-sandige Fladen lie-gen die friesischen Watteninseln vor der Küste. Im Sommer suchen und finden Hunderttausende dort Sonne, Sport und Badespaß. Das Fahrrad ist das bevorzugte Ver-kehrs- und Transportmittel. Vlie-land und Schiermonnikoog sind autofrei.

VERKEHR

• Täglich gibt es mehrere (Auto-)Fährver-bindungen von Den Helder nach Texel (ca. 20 Min., Info: www.teso.nl), von Har-lingen nach Vlieland und Terschelling (Schnelldienst 30 bzw. 45 Min., Info: www.rederij-doeksen.nl), von Holwerd nach Ameland sowie von Lauwersoog nach Schiermonnikoog (jeweils 45 Min., Info: www.wpd.nl).

• Zwischen den Inseln sind meist nur Ausflugsboote mit eingeschränkten Fahrplänen im Einsatz (Ausnahme: Texel–Vlieland im Juli/Aug. tgl. 9.30 und 10.45 Uhr; Vlieland–Terschelling Di, Mi, Do 10.05 Uhr). Infos beim jeweiligen VVV
> S. 74, 75, 76.

• Fahrräder werden überall verliehen – oder man nimmt das eigene Rad mit.

TEXEL `22` ⭐`3` ▮ E3/4

Schon im Mai lohnt eine Reise auf die größte und abwechslungs-reichste der Watteninseln: Blühende Blumenfelder, der markante rote Leuchtturm und die vielen Lämmer sind schöne Fotomotive. Typisch für das sanft hügelige Texel mit seinem 25 km langen Sandstrand sind die spitzgiebeligen, reetgedeckten Gülf-häuser. **Den Burg** ist das größte Dorf. **De Koog** erwacht nur im Som-mer zum Leben – dann aber richtig.

Die 13 500 Bewohner leben von Tourismus, Landwirtschaft, Fische-rei und Schafzucht. Trotz des Rum-mels gibt es noch stille Rückzugs-orte wie die Dörfer **Oosterend** und **Oudeschild** im Nordosten. Im Nor-den bei De Cocksdorp kann man den roten **Leuchtturm** erklimmen, allerdings sind 153 Stufen zu bewäl-tigen (Mai–Sept. Mo–Fr 10–20, Sa/So 10–17 Uhr, sonst eingeschränkt).

Der größte Teil der Insel ist Landschaftsschutzgebiet. 306 Vo-gelarten nisten an kleinen Seen, die nach verschiedenen Deicheinbrüchen entstanden, sog. *weelen*. Ecomare, ein Natur- und Informationszentrum für das Wattenmeer, bietet Wasserbecken und ein Pflegezentrum für Seehunde (Ruyslaan 92, De Koog, tgl. 9.30–17 Uhr, 13,50 €, online günstiger, www.ecomare.nl). > mehr S. 14 Punkt ⓮

> mehr S. 14 Punkt ⓮

INFO

VVV
- Emmalaan 66 | 1791 AV Den Burg
  Tel. 02 22/31 47 41 | www.texel.net

HOTELS

Opduin €€
Moderner Komplex mit Schwimmbad in den Dünen, ruhig, strandnah.
- Ruyslaan 22 | De Koog
  Tel. 02 22/31 74 45 | www.opduin.nl

Tatenhove €
Hotel mit Blick auf Dünen und Wiesen.
- Bosrandweg 202 | De Koog
  Tel. 02 22/31 72 74
  www.hoteltatenhove.nl

Texel Yurts €
Komfortabel eingerichtete Jurten samt Küchenzeile; bei Familien beliebt.
- Rommelpot 19 | Den Hoorn
  Mobil-Tel. 06/50 52 87 08
  www.texelyurts.nl

RESTAURANT

Vogelhuis Oranjerie €€
Holländische Küchenklassiker sowie Fisch und Meeresfrüchte.
- Dorpsstraat 204 | De Koog
  Tel. 02 22/31 72 79
  www.restaurantvogelhuistexel.nl

VLIELAND 23 ▮ E3–F2

Trotz der 200 000 Besucher pro Jahr geht es auf der kleinen, autofreien Insel mit ihren 1100 Bewohnern geruhsam zu. Fahrradwege durchziehen die Dünenlandschaft, in der das Besucherzentrum **De Noordwester** Startpunkt zu einer Erkundungstour ist (Dorpsstraat 150, www.denoord wester.nl). **Oost-Vlieland,** ein altes

Zwei Angler auf der Watteninsel Vlieland versuchen ihr Glück in der Nordsee

Fischerdorf, lockt mit Giebelhäusern aus dem 17. Jh. an der Dorpsstraat und einem hübschen Leuchtturm (Mo–Fr 14–16, Sa/So 10.30–12 Uhr, außerhalb der Saison eingeschränkt). Hauptattraktion für Sommergäste ist der etwa 12 km lange Sandstrand an der Westseite. › mehr S. 12 Punkt ❶

INFO
VVV
• Havenweg 10 | 8899 BB Vlieland
  Tel. 05 62/45 11 11 | www.vlieland.net

HOTEL
De Wadden €€
Familiäres Quartier mit modern-maritim eingerichteten Zimmern, teils Meerblick. Gutes Restaurant.
• Dorpsstraat 61 | 8899 AD Vlieland
  Tel. 05 62/45 26 26
  www.westcorddewadden.nl

TERSCHELLING 24 ▮ F2–G1

Auf sechs Ortschaften verteilen sich die rund 4500 Einwohner der Insel. Hauptziel für Sonnenhungrige ist der lange, rund 1 km breite Sandstrand. Jugendliches Publikum schätzt die Hauptorte **West-Terschelling** sowie **Midsland** wegen der Auswahl an Bars, Discos und Restaurants. Ruhe und Entspannung findet man bei Wanderungen z. B. durch De Boschplaat und De Noordvaarder. Wegen der einzigartigen Vielfalt an Wildpflanzen wurde Terschelling zum Europäischen Naturschutzgebiet ernannt.

Die Insel war schon im 13. Jh. bewohnt. Im 16./17. Jh. gewann sie durch den Handel mit den Zuider-

zeestädten und die Waljagd an Bedeutung. Heute aber sind die Cranberrys ein Exportschlager. › mehr S. 18 Punkt ❸❾ Vom früheren Reichtum zeugen die Fassaden der Kapitänshäuser in den beiden Hauptorten. In dem **Gemeentemuseum 't Behouden Huys** in West-Terschelling erfährt man viel über Trachten, den Walfang sowie das Lotsenwesen (Commandeursstr. 30–32, April bis Okt. Mo–Fr 11–17, Sa/So 13–17, sonst Mi, Sa/So 13–17 Uhr, www.behouden-huys.nl).

INFO
VVV
• Willem Barentszkade 19a
  8881 BC West-Terschelling
  Tel. 05 62/44 30 00
  www.vvvterschelling.nl

HOTELS
Hotel NAP €€
Traditionshotel mit schöner Terrasse und regionaltypischer Küche.
• Torenstraat 55 | West-Terschelling
  Tel. 05 62/44 32 10 | www.hotelnap.nl

Bornholm €€
Hotel mit modernster Ausstattung, Sauna, Dampfbad und Fitness in ländlicher Lage.
• Hoofdweg 6 | West-Terschelling
  Tel. 05 62/44 22 66
  www.hotelbornholm.nl

AMELAND 25 ▮ G/H1

Dünen, Wald, ein langer Sandstrand und die große Artenvielfalt an Vögeln sind die Besonderheiten dieser 27 km langen und somit drittgrößten Watteninsel. Die rund

3300 Einwohner verteilen sich auf den Hauptort Nes sowie die Dörfer Hollum, Ballum und Buren. Im 17. und 18. Jh. lebte die Bevölkerung vom Walfang. Zeichen des damaligen Wohlstands sind die Kommandeurshäuser. Das **Cultuur-Historisch Museum** zeigt, wie das Leben einer Ameländer Kapitänsfamilie vor 250 Jahren aussah (Herenweg 1, Hollum, Juli/Aug. Mo–Fr 10–17, Sa/So 13.30–17 Uhr, sonst kürzer).

In den Dünen der Naturschutzgebiete Den Oerd und De Hon im östlichen Teil der Insel brüten rund 50 Vogelarten. Während der Brutzeit sind Teile des Areals gesperrt.
› mehr S. 18 Punkt 40

INFO
VVV
- Bureweg 2 | 9163 KE Nes
  Tel. 05 19/54 65 46
  www.vvvameland.nl

HOTELS
Hofker €€
Schön gelegener, traditionsreicher Familienbetrieb, recht gemütliche Zimmer und Apartments mit Blick auf das Meer oder ins Grüne.
- Jan Hofkerweg 1 | Nes
  Tel. 05 19/54 20 02
  www.hotel-hofker.nl

Amelander Kaap €€
Freundlich-komfortabler Neubau mit gutem Sportangebot, in der Nähe des Leuchtturms.
- Oosterhiemweg 1
  9161 CZ Hollum
  Tel. 05 19/55 46 46
  www.hotelamelanderkaap.nl

RESTAURANT
De Klimop €€
In urigem Ambiente werden lokale Fleisch- und Fischspezialitäten serviert.
- Jan Hofkerweg 2 | Nes
  Tel. 05 19/54 22 96
  www.deklimopameland.nl

SCHIERMONNIKOOG 26 📖 J1

Von 1878 bis 1945 war die Insel im Besitz der deutschen Grafenfamilie Bernstorff, nach dem Krieg ging sie in Staatsbesitz über. Heute leben rund 1000 Menschen auf dem 14 km langen, autofreien Eiland, das 1989 zum Nationalpark erklärt wurde und Einsamkeit verspricht, trotz jährlich 300 000 Besuchern – dabei handelt es sich überwiegend um Tagesausflügler.

Im Besucherzentrum vom **Nationaal Park Schiermonnikoog** lassen sich geführte Touren durch das Watt, die Dünen und in das Vogelreservat Kobbeduinen buchen (Torenstreek 20, www.nationaalpark. nl/schiermonnikoog).

INFO
VVV
- Reeweg 5 | 9166 PW Schiermonnikoog
  Tel. 05 19/53 12 33
  www.vvvschiermonnikoog.nl

RESTAURANT
Ambrosijn €€–€€€
Leckere Küche mit besonders feinen Lamm- und Fischgerichten. Außerdem Eiscafé und exquisites Hotel mit 2 Suiten.
- Langestreek 13 | Schiermonnikoog
  Tel. 05 19/72 02 61
  www.ambrosijn.nl

HOLLANDS LANGE BADEKÜSTE

Die von feinen Sandstränden gesäumte Küste Zeelands ist perfekt für Wassersportler und Badeurlauber

Sandburgen bauen, Dünen erklimmen, in der Nordsee plantschen – dieses Programm begeistert Millionen von Urlaubern. Nur einen Steinwurf von der Küste entfernt liegen stolze alte Handels- sowie Hafen- und Residenzstädte.

Braungebrannt oder sandgestrahlt, menschenleer oder trubelig-turbulent, traditionsgeladen oder einfach nur total entspannt: Die niederländische Küstenregion zwischen Zeeland im Südwesten und Den Helder im Norden ist ein sehr abwechslungsreicher, 280 km langer Landstrich, der kaum einen Urlaubswunsch offen lässt. Kilometerlange Sandstrände und beeindruckende Dünengürtel halten dem nie endenden Anbranden der Nordseewellen stand. Nostalgische und teilweise mit eigenwilligen modernistischen

Mühlenlandschaft bei Kinderdijk

Blickfängen geschmückte Strandbäder wie Zierikzee, Scheveningen oder Katwijk aan Zee wechseln sich ab mit familienfreundlichen Campingplätzen oder Hüttendörfern. Ganz im Süden sorgen beeindruckende Sturmflutwehre an der Oosterschelde sowie am Hoek van Holland dafür, dass die Wogen das Land nicht überspülen – es liegt zum Teil unter dem Niveau einer durchschnittlichen Flut.

Nur wenige Kilometer von der Badeküste entfernt zeugen die nostalgischen alten Hafen-, Handels-, Residenz- und Festungsstädte Südhollands, vor allem Delft, Leiden und Haarlem, mit sehr gut erhaltener historischer Bausubstanz vom Wohlstand der vergangenen Jahrhunderte und vom Einfallsreichtum der Niederländer, deren touristisch extrabreites Angebot jedes Jahr Millionen von Urlaubern überzeugt. Die altehrwürdigen Windmühlen von Kinderdijk, die Blütenorgien in Keukenhof oder die Käsemärkte von Gouda, Edam und Alkmaar sind liebevoll gepflegte Holland-Klischees mit Wohlfühlgarantie. Und auch die beiden Metropolen des Landes, das fröhlich-museale Amsterdam sowie das moderne, umtriebige Rotterdam mit seinem Welthafen und vielen überraschenden Facetten, liegen in Reichweite von Strand und Meer.

TOUREN IN DER REGION

DELTA MIT VERGANGENHEIT

ROUTE: Bergen op Zoom › (Zeeuws Flanderen) › Vlissingen › Middelburg › Zierikzee › Dordrecht

KARTE: Seite 80
DAUER: 2 Tage (ca. 220 km)
in 3–4 Tagen auch als Fahrradtour.
PRAKTISCHE HINWEISE:
- Straßen, Brücken, Tunnel verbinden die Inseln, es gibt aber auch Fähren für Fußgänger und Radfahrer › Seitenblick S. 87.
- Der Westerscheldetunnel ist nur für motorisierten Verkehr und mautpflichtig (www.westerscheldetunnel.nl).
- Die Wochenmärkte in Middelburg und Zierikzee finden jeweils Donnerstagvormittag statt.
- Die Senffabrik in Zierikzee ist für Besucher Juli/August Di–Sa 13 bis 16 Uhr geöffnet.

TOUR-START:

Das Mündungsdelta von Rhein, Maas und Schelde wurde durch den Eingriff der Menschen massiv verändert › S. 89. Eine Reise durch die Provinz Zeeland eröffnet Einblicke in Geschichte und Gegenwart an Ooster- und Westerschelde.

Bergen op Zoom 1 › S. 84 ist ein günstiger Startpunkt, weil hier als Alternative zum Auto auch Fahrräder oder Motorboote für die Erkundung der zeeländischen Inselwelt verliehen werden.

Am ersten Tag kann man einen Abstecher durch den Westerscheldetunnel oder per Fähre ins ländliche Zeeuws Flanderen machen: Kulturhistorische Highlights sind Hulst 2 › S. 85, Aardenburg 3 › S. 85 sowie Sluis 3 › S. 85. Anschließend fährt man weiter auf die Inseln Walcheren und Zuid-Beveland, die durch das Eindeichen zusammengewachsen sind. Hier sprechen frische Meeresfrüchte und das Maritiem MuZEEum für einen Stopp in Vlissingen 5 › S. 85. Abends logiert man im schmucken Middelburg 6 › S. 86, dessen alte Gassen man am folgenden Morgen in Ruhe durchstreifen kann.

Sowohl windig als auch technisch spannend wird die Fahrt über das Flutwehr der Oosterschelde samt einem Stopp am Infozentrum auf der Insel Neeltje Jans 13 › S. 89. Anschließend flaniert man im hübschen Zierikzee 10 › S. 88 durch die Altstadt. Die lebhafte historische Stadt Dordrecht 15 › S. 90 an der Maas ist der Endpunkt dieser Tour. Dordrecht bietet sich dank guter Nahverkehrsanbindung außerdem als Standort an, um die Hafenmetropole Rotterdam und seine Umgebung völlig ohne Stau und Parkplatzstress zu erkunden.

TOUR
7

ALTE HANDELSSTÄDTE MIT JUNGEM SCHWUNG

ROUTE: Delft › Den Haag › Leiden › Haarlem

KARTE: Seite 80
DAUER: 3 Tage (ca. 60 km)
PRAKTISCHE HINWEISE:
- Zwischen den Städten verkehren Busse und Züge im Stundentakt.
- Montags sind viele Museen zu. Orgelkonzerte in der Grote Kerk von Haarlem Mai–Okt. Di 20.15 Uhr.

TOUREN AN DER SÜDLICHEN BADEKÜSTE

TOUR 6

DELTA MIT VERGANGENHEIT

Bergen op Zoom › Zeeuw Flanderen (Hulst, Aardenburg, Sluis) › Vlissingen › Middelburg › Zierikzee › Dordrecht

TOUR 7

ALTE HANDELSSTÄDTE MIT JUNGEM SCHWUNG

Delft › Den Haag › Leiden › Haarlem

TOUR-START:

Alte Meister, traditionelles Kunsthandwerk, schmucke Altstädte und originelle Geschäftsideen am Wegesrand machen diese Tour durch die südholländischen Städte zu einem abwechslungsreichen Erlebnis.

Am Anfang steht **Delft** 20 › S. 95, die Stadt der feinen Fayencen, mit ihren charmanten Grachten, auf denen im Sommer die Seerosen blühen. Der Stadtbummel führt auch in eine Porzellanmanufaktur, bevor man nur 15 km weiterreist: nach **Den Haag** 21 › S. 97. Die königliche Residenzstadt ist zudem niederländischer Regierungssitz. Es gibt hier einige Paläste und museale Schätze, Nobelhotels und prächtige Parks. Wer Karten für eine Abendvorstellung des weltberühmten Nederlands Dans Theater ergattern kann, sollte diese Gelegenheit unbedingt wahrnehmen.

Der zweite Reisetag beginnt mit einem Bummel über den repräsentativen Binnenhof und einem Besuch der Gemäldesammlung im Museum Mauritshuis. Anschließend ist in einer knappen Stunde das nächste Etappenziel erreicht, die Universitätsstadt **Leiden** 23 › S. 99. Eine abendliche Grachtenfahrt bietet originelle Einblicke in diese alte junge Stadt, bevor man sich am Beestenmarkt eine Lieblingskneipe aussucht.

Haarlem 27 › S. 104, die Stadt der Künste, prägt den dritten Reisetag: mit grandiosen mittelalterlichen Bauten, der großartigen Ausstellung im Frans-Hals-Museum und vielleicht einem Orgelkonzert in der Grote Kerk.

TOUR 8

ZWISCHEN DÜNEN UND DEICHEN

ROUTE: Amsterdam › Marken › Volendam › Edam › Hoorn › Enkhuizen › Afsluitdijk › Alkmaar › Zaanse Schans › Amsterdam

KARTE: Seite 83

DAUER: 5 Tage (ca. 150 km)

Wer in Amsterdam frühmorgen losfährt und den Kaasmarkt in Edam noch am selben Tag besucht, kann die Tour um einen Tag verkürzen. Noch ein Tag lässt sich einsparen, wenn man die Dampfzug-Schiff-Fahrt auslässt und stattdessen mit dem Auto von Hoorn nach Enkhuizen ins Zuiderzee-Museum fährt und am selben Tag weiter nach Alkmaar reist.

PRAKTISCHE HINWEISE:

- Für diese Tour sollte man ein Auto zur Verfügung haben.
- Kaasmarkt in Edam Ende Juni bis Mitte Aug., Mi 10.30–12.30, in Alkmaar April–Sept. Fr 10–12.30 Uhr.
- Der Ausflug per Dampfzug und Schiff von Hoorn über Medemblik nach Enkhuizen ist von April bis Okt. möglich; der Zug startet um 11, an ausgewählten Sommertagen zusätzlich um 10 Uhr in Hoorn und kommt um 12.25 bzw. 11.20 Uhr in Medemblik an, wo eine Stunde später das Schiff nach Enkhuizen ablegt (90 Min. Fahrzeit); Info unter www.museumstoomtram.nl.

TOUR-START:

Holland von seiner traditionell-fotogenen Seite lernt man auf dieser Rundfahrt durch das ländliche Idyll zwischen IJsselmeer und Nordseeküste kennen.

Über die N 247 und N 518 erreicht man von Amsterdam › S. 46 aus die über einen Deich mit dem Festland verbundene Insel **Marken** 43 › S. 112: Hier und im Städtchen **Volendam** 42 › S. 112 scheint die Zeit stehen geblieben zu sein und man sieht noch häufig die schönen altholländischen Trachten.

Weiter geht es nach **Edam** 41 › S. 112, wo man am nächsten Morgen den berühmten Käsemarkt erlebt. Nach dem Spektakel lässt man den Tag in den denkmalgeschützten Gassen von **Hoorn** 39 › S. 110 ausklingen, wo man u. a. in umgebauten Straßenbahnen übernachten kann.

Am nächsten Morgen genießen Nostalgiker eine Fahrt mit dem historischen Dampfzug nach **Medemblik** 36 › S. 109 und anschließend die Schiffsfahrt ins malerische **Enkhuizen** 38 › S. 109. Hier hat das Zuiderzeemuseum bis 17 Uhr geöffnet.

TOUR AN DER NÖRDLICHEN BADEKÜSTE

TOUR 8

ZWISCHEN DÜNEN UND DEICHEN

Amsterdam › Marken › Volendam › Edam › Hoorn › Enkhuizen › Afsluitdijk › Alkmaar › Zaanse Schans › Amsterdam

Mit der Regionalbahn kommt man abends zurück nach Hoorn.

Am vierten Tag führt ein Abstecher zum **Afsluitdijk** 35 › S. 108 der Zuiderzee, einem wahren technischen Meisterwerk, bevor man ins charmante Seebad **Bergen** 32 › S. 107 mit seinen gepflegten Villenvierteln aufbricht. Übernachten kann man hier oder im mittelalterlichen **Alkmaar** 33 › S. 107. Nach einem Morgenspaziergang durch Alkmaar besucht man das Freilichtmuseum **Zaanse Schans** › S. 56 mit seinen vielen kleinen Ausstellungen, bevor man am späten Nachmittag wieder nach Amsterdam zurückkehrt.

VERKEHRSMITTEL

• Ein dichtes Straßennetz, schnelle, häufige und zuverlässige Verbindungen mit Bus und Bahn sowie vorbildlich angelegte Fahrradwege erschließen die Region.

Während der Sommermonate ist es schwierig, in den Städten einen Parkplatz zu ergattern, und Falschparker müssen mit empfindlichen Strafen rechnen! Daher sollte man besser außerhalb der Siedlungskerne parken und mit öffentlichen Verkehrsmitteln weiterfahren.

WICHTIGE ADRESSEN

Promotie Zeeland Delta 📕 B12
• Schuitvlotstraat 32
4357 ZG Domburg
Tel. 01 18/58 77 07 | www.vvvzeeland.nl

Zuid-Hollands Bureau voor Toerisme (ZHBT) 📕 D9
• Rotterdamseweg 402h | 2629 HH Delft
Tel. 015/251 23 30
www.vvvzhz.nl | www.zuid-holland.nl

VVV Noord-Holland 📕 E6
• Waagplein 2 | 1811 JP Alkmaar
Tel. 072/511 42 84
www.vvvhartvannoordholland.nl

UNTERWEGS AN HOLLANDS BADEKÜSTE

BERGEN OP ZOOM 1 📕 D12

Die Grenzstadt (66 400 Einw.) im Südwesten der Niederlande bietet sich als Standort für Erkundungen der Provinz Zeeland an. Der Stadtkern um die 1972 fast vollständig ausgebrannte und aufwendig rekonstruierte **Sint Gertrudiskerk** (Grote Markt, Di–Sa 13–16.30 Uhr)

und das **Stadhuis** aus dem 15. Jh. ist vor allem donnertags ein Farbenmeer, wenn am Gedempte Haven der Wochenmarkt stattfindet (9 bis 16 Uhr). Vom Kirchturm aus kann man bei gutem Wetter bis nach Antwerpen blicken.

Im **Gemeentemuseum Het Markiezenhof** sind Prunkgemächer aus der Zeit der Bourbonenherrschaft erhalten. Zudem befinden sich hier Sammlungen religiöser

Kunst aus Limburg und von Spottbildern aus drei Jahrhunderten (Steenbergsestraat 8, Di–So 11 bis 17 Uhr, 6,50 €, www.markiezenhof.nl).

HOTEL

De Draak €€

Das älteste Hotel der Niederlande setzt seit 1397 auf gediegene Gastlichkeit.

- Grote Markt 30 und 36–38
  4611 NT Bergen op Zoom
  Tel. 01 64/25 20 50 | www.hoteldedraak.nl

ZEEUWS FLANDEREN

Das zeeländische Flandern südlich der Westerschelde ist eher flämisch als niederländisch geprägt. In **Hulst 2** ◖ C13, der Grenzstadt zu Belgien, ist die spätgotische Willibrorduskerk (Grote Markt, tgl. 9–16 Uhr) das auffälligste Bauwerk. Beachtung verdienen auch das Stadhuis (1534) und diverse Häuser mit Spitz- und Treppengiebeln (Steenstraat). Aus dem 16.–18. Jh. sind zudem drei Stadttore erhalten.

Das flache Land entpuppt sich als überaus lohnendes Ausflugsziel. Das seit der Antike besiedelte **Aardenburg 3** ◖ B13 wartet mit den bemalten Sarkophagen in der St. Baafskerk auf (April–Okt. Di–So 14–16 Uhr).

Das Festungsstädtchen **Sluis 4** ◖ A13 mit seinen sechs Bastionen läßt sich am besten zu Fuß entdecken. Außerdem sind hier, im einstigen Vorhafen von Brügge, ein mittelalterlicher Belfort, der für flämische Städte so charakteristisch ist, sowie die Windmühle De Brak

zu bewundern (Nieuwestraat 26, in der Saison tgl. 10–17 Uhr).

RESTAURANT

La Trinité €€€

Feine innovative Sterneküche von François de Potter. Außerdem gibt es eine gemütliche Terrasse und eine schicke Bar, um den Aperitif zu genießen.

- Kaai 11 | 4524 CL Sluis
  Tel. 01 17/46 20 40
  www.latrinite.nl
  Mi/Do geschl.; reservieren!

IM REICH DES DELTAPLANS

VLISSINGEN 5 ◖ B12

Der rege Schiffsverkehr in der Hafenstadt (48 000 Einw.) lässt sich vom 2 km langen Boulevard an der Westerschelde gut beobachten.

Typisch für das Straßenbild sind die »Blauen Jungs«, Kadetten der Marineschule des Landes. An die maritime Vergangenheit der Region und den hier geborenen Seefahrer Michiel Adrianszoon de Ruyter (1607–1676) erinnert das topmoderne **Zeeuws Maritiem MuZEEum.** Auch die zugänglichen historischen Kasematten (April–Okt.) lohnen einen Besuch (Nieuwendijk 11, Di–So 10–17 Uhr, 10,50 €, www.muzeeum.nl).

Im benachbarten Erlebnispark **De Arsenaal** vergnügen sich Kinder im Piratenpark, auf dem Gespensterschiff und im Schiffbruchsimulator (Arsenaalplein 7, tgl. 10–18, Juli/Aug. bis 19 Uhr, 14,50 €, www.arsenaal.com).

Vor dem Stadhuis von Middelburg

INFO
VVV
- Spuistraat 30 | 4381 ER Vlissingen
  Tel. 01 18/71 53 20
  www.vvvzeeland.nl

HOTEL
Villa Hotel €€
Das Hotel zwischen Einkaufsmeile und Strand ist ein Schmuckstück des Jugendstils. Es bietet Zimmer unterschiedlicher Kategorien zur Übernachtung.
- Spuistraat 59 | Vlissingen
  Tel. 01 18/82 09 80
  www.villahotelvlissingen.nl

Slaapstrandhuisjes €€
Kleine bunte Holzhäuschen mit vier bis sechs Betten und komplett ausgestatteter Küche direkt am Sandstrand, die von April bis Oktober buchbar sind.

- Burgemester van Woelderenlaan 1
  Vlissingen | Tel. 01 18/47 03 86
  www.slaapstrandhuisje.nl/de

RESTAURANT
De Vissershaven €€
Fangfrische Köstlichkeiten, traditionell zubereitet und serviert mit Blick auf den alten Hafen.
- Bellamypark 2 | Vlissingen
  Tel. 01 18/41 21 32
  www.devissershaven.nl
  Mi/Do geschl.

MIDDELBURG 6 📖 B12
Im Mai 1940 legten deutsche Luftangriffe die mittelalterliche Handelsstadt auf der Insel Walcheren in Trümmer. Doch dank erfolgreicher Restaurierungsarbeiten trägt Middelburg (40 000 Einw.) das Prädikat Denkmalstadt. Zeugnisse der glorreichen Geschichte sind schöne Kaufmanns- und Patrizierhäuser an Londense-, Rouaanse- und Rotterdamsekaai, allen voran das **Stadhuis** am Markt im bombastischen Stil der flämischen Gotik.

Den Kern der mittelalterlichen Siedlung bildete die große **Onze Lieve Vrouwe Abdij** mit dem 91 m hohen Turm Lange Jan. In einem Teil der Abtei ist heute das **Zeeuws Museum** untergebracht (Korte Burg 2, Di–So 11–17 Uhr, 11 €, www.zeeuwsmuseum.nl).

Die wichtigsten Sehenswürdigkeiten der Region sind im Freilichtmuseum **Miniatuur Walcheren** am Molenwater im Maßstab 1:20 nachgebaut (Juli/Aug. tgl. 10–20, sonst bis 18 Uhr; im Winter meist nur Do–So, www.minimundi.nl).

INFO

Tourist Shop
- Markt 51 | 4331 LK Middelburg
  Tel. 01 18/67 43 00
  www.uitinmiddelburg.nl

HOTEL

De Nieuwe Doelen €€
Einfaches Hotel mit viel Flair und schönem Garten, direkt am Kanal. Zimmer in drei verschiedenen Größen.
- Loskade 3–7
  Middelburg
  Tel. 01 18/61 21 21
  www.hoteldenieuwedoelen.nl

RESTAURANTS

De Eetkamer €€
Feine, französisch inspirierte Küche Zeelands in romantischem Ambiente.
- Wagenaarstraat 13
  Middelburg
  Tel. 01 18/63 56 76
  www.eetkamermiddelburg.nl
  So/Mo geschl.

De Gespleten Arent €€
Überaus ambitionierte, saisonal wechselnde franko-niederländische Küche mit einer innovativen Weinkarte.
- Vlasmarkt 25–27
  Middelburg
  Tel. 01 18/63 61 22
  www.degespletenarent.nl
  nur abends, So und Mi geschl.

DOMBURG UND VEERE

Domburg 7 ▮ B12 mit seinem markanten Wasserturm gilt als ältestes und schönstes Seebad Zeelands.

Die malerische Festungsstadt **Veere** 8 ▮ B12 erinnert an jene rauen Zeiten, als wiederholt fremde Seefahrer die Schatztruhen der Handelsherren zu plündern versuchten. Die gotischen Schotse Huizen am Jachthafen wurden zum Museum umgebaut. Es zeigt historisches Mobiliar sowie Werke der kleinen Künstlerkolonie, die hier zu Anfang des 20. Jhs. ansässig war (Kaai 25–27, April–Nov. tgl. 10–17, sonst nur Sa/So 13–17 Uhr, www.museumveere.nl). Sehenswert sind zudem das Stadhuis am Markt mit prachtvoller Statuettenfassade, 1470 im Stil der Brabanter Gotik errichtet, sowie die spätgotische Grote Kerk (Oudestraat 26, Juni–Aug. tgl. 11–17 Uhr).

GOES 9 ▮ C12

Die Stadt (37 000 Einw.) unterstrich schon im 15. Jh. ihre Rolle als regionales Zentrum von Zuid-Beveland mit einem eindrucksvollen **Stadhuis** am Markt, dessen Fassade spä-

---

🚢 RONDJE PONTJE

Zahlreiche alte Fährverbindungen zwischen den zeeländischen Inseln wurden in den vergangenen Jahren für touristische Zwecke reaktiviert. Seither können Fußgänger und Radfahrer in der Urlaubssaison mit den Schiffen der Rondje Pontje von Ufer zu Ufer übersetzen und so attraktive Streifzüge durch Zeeland unternehmen. Die Fahrpläne erhält man in allen lokalen Büros der VVV oder unter www.rondjepontje.nl (auch in Deutsch).

Am alten Hafen von Zierikzee erhebt sich das im 14. Jh. erbaute Zuidhavenpoort

ter mit Elementen des Rokoko modernisiert wurde. In der turmlosen **Maria Magdalenakerk** (Singelstraat 9), im Stil der Brabanter Gotik errichtet, erklingt eine pompös mit vielen Vergoldungen geschmückte Orgel (Konzerte im Sommer).

RESTAURANT

Karel V €€
Sehr bekanntes Fischrestaurant mit fangfrischen regionalen Spezialitäten.
• Turfkade 11 | 4461 AP Goes
Tel. 01 15/25 15 55
www.karelvijf.nl
Di–So 17.30–21 Uhr, So Ruhetag

SHOPPING

Beste **Austern und Muscheln** direkt von den Züchtern kann man in Yerseke ▌C12, etwa 10 km östlich von Goes, kaufen.
> mehr S. 13 Punkt ⓭
Am 3. Augustsamstag ist Mosseldag, da gibt es sogar Meeresfrüchte gratis!

ZIERIKZEE ⑩ ⭐ ▌C11

Der Hauptort der Insel Schouwen Duiveland profitierte im 15. und 16. Jh. vom Salz und der Färberpflanze Krapp, noch heute handelt man gerne vor der altertümlichen Kulisse. In Zierikzee stehen mehr als 600 Objekte unter Denkmalschutz, darunter die herrlichen **Patrizierhäuser** am Havenpark, am Havenplein und am Oude Haven.

Drei Tore blieben als Reste der Stadtbefestigung erhalten: das **Noordhavenpoort** mit schöner Fassade, das **Zuidhavenpoort** mit weißer Zugbrücke und das mit seinem Doppelturm etwas düster wirkende **Nobelpoort** aus dem 14. Jh. Stolz präsentiert sich das städtische **Rathaus** mit dem kleinen **Stadhuismuseum**. Die Sammlung würdigt Zierikzee als Zentrum des niederländischen Silberschmiedehandwerks im 18. Jh. (Di–Sa 11–17, So

13–17 Uhr, 7,50 €, www.schouwen-duiveland.nl/museum). Als moderner Kontrast spannt sich seit 1965 die elegante Zeelandbrücke, mit 5 km die längste Brücke der Niederlande, südlich der Stadt über die Oosterschelde.

INFO
VVV
- Nieuwe Haven 7 | 4301 DJ Zierikzee
  Tel. 09 00/2 02 02 33 | www.vvvzeeland.nl

HOTEL
Zierikzee €€
Moderne, helle Einzel-, Doppel- und Familienzimmer in einem gediegenen Kaufmannshaus.
- Driekoningenlaan 7 | Zierikzee
  Tel. 01 11/41 23 23
  www.hotelzierikzee.nl

RESTAURANT
Eetcafe Marktzicht €€
Maritimes Dekor, sehr leckere Muscheln.
- Havenplein 12 | Zierikzee
  Tel. 01 11/41 51 95
  www.eetcafe-marktzicht.nl
  tgl. 10–21.30 Uhr

Grand Cafe de Werf €€
Meeresfrüchte, Fischgerichte und Küche mit italienischem Pfiff sind die Trumpfkarten dieses attraktiven Café-Restaurants.
- Vissersdijk 2a | Zierikzee
  Tel. 01 11/41 42 44
  Mo geschl.

AUSFLUG VON ZIERIKZEE
Eine Zeitreise führt weg vom Strandtrubel in das gemütliche Dörfchen **Dreischor** 11 C11 mit seiner gotischen Kirche. Das Got-

💬 DELTA EXPO

Die Eindämmung des Flussdeltas von Maas und Schelde im Südwesten der Niederlande ist das großartigste Wasserbauprojekt, das in den Niederlanden je verwirklicht wurde. Auslöser für den Bau war die Sturmflut von 1953, die 1835 Todesopfer forderte. Weite Teile Zeelands standen damals unter Wasser.

Durch den Deltaplan wurde in 30 Jahren Bauzeit die Küstenlinie deutlich verkürzt und die Oosterschelde durch ein Sturmflutwehr mit 65 Pfeilerschleusen gesichert, die im Notfall die Bucht abriegeln. Durch den 50 m hohen »Pfeilerdamm« fließt stetig frisches Gezeitenwasser in die Schelde, wo Austernbänke gedeihen und Wassersportler ihren Spaß finden. Die Uferzonen sind bevorzugte Ruhe- und Nistplätze von Wasservögeln. Die gesamte Oosterschelde ist seit 2002 als Nationalpark geschützt.

Die Glanzleistung der Ingenieure ist außerdem das Thema der Ausstellung **Delta Expo** auf der Insel **Neeltje Jans** 13 B11, die einen Teil des Oosterscheldedams bildet.
- Faelweg 5
  4354 RB Vrouwenpolder
  Tel. 01 11/65 56 55
  www.neeltjejans.nl
  April–Okt. tgl. 10–17 Uhr, sonst Sa/So, 18 €, Onlinetickets 2 € günstiger

teshaus besitzt eine sehenswerte Grabkapelle. **Brouwershaven** 12 ◣ C11 war einst der Stapelplatz für Rotterdam. Das elegante Raadhuis und die Nicolaaskerk im Stil der Brabanter Gotik erinnern an längst vergangenen Ruhm und Reichtum.

BREDA 14 ◣ E11

Seit 1402 dokumentieren die Denkmäler in der ehemaligen Residenzstadt der Nassauer (178 000 Einw.) die wechselvolle Geschichte des Landes: Eindrucksvoll erhebt sich die im Stil der Brabanter Gotik errichtete **Onze-Lieve-Vrouwekerk** mit ihrem 97 m hohen, reich gegliederten Turm über das Häusermeer (Kerkplein 2, Mo–Sa 10–17, So 13 bis 17 Uhr). Im Inneren sind prächtige Renaissance-Grabmäler der Grafen von Nassau erhalten.

Ein Spaziergang sollte auch am **Wasserschloss Bouvigne** sowie am **Stadhuis** (Grote Markt) vorbeiführen, hinter dessen schlichter Fassade (1767) sich drei nebeneinanderliegende Häuser verbergen. Durch diesen Kunstgriff ermöglichte der Baumeister der Prinzenfamilie die gemeinsame Nutzung der Gebäude.

Seit 2017 vereint das **Stedelijk Museum Breda** die hochkarätige Ausstellung zu Film, Design, Fotografie, Mode und visueller Kunst des ehemaligen Museum of the Image (MOTI) und die Sammlung zur Stadtgeschichte des früheren Breda's Museum (Boschstraat 22, Di–So 10–17 Uhr, 12 €, www.stedelijkmuseumbreda.nl).

INFO

VVV

• Willemstraat 17
  4811 AJ Breda
  Tel. 09 00/522 24 44
  www.vvvbreda.nl

HOTEL

Stadshotel De Klok €€

Familiär geführtes Mittelklassehotel, viele Zimmer mit Blick auf den Markt und Restaurant im Kolonialstil.

• Grote Markt 26 | Breda
  Tel. 076/521 40 82
  www.hotel-de-klok.nl

RESTAURANTS

Wolfslaar €€–€€€

Michelinbesterntes Gourmetrestaurant in einem alten Kutschhaus mit raffinierter Küche, darunter Muscheln in Safran-Bouillabaisse. Gute Weinkarte.

• Wolfslaardreef 100–102 | Breda
  Tel. 076/560 80 00
  www.wolfslaar.com
  Sa mittags und So geschl.

Grand Café Heeren van Oranje €€

Stilvolles Café mit nostalgischer Atmosphäre und schöner Terrasse.

• Burgemeester Kerstenslaan 20
  Breda | Tel. 076/565 00 50
  www.mastbosch.nl

DORDRECHT 15 ◣ E10

Die 1220 erstmals erwähnte, einst reiche Handelsstadt (118 000 Einw.) verlor ihre wirtschaftliche Bedeutung im 18. Jh. an Antwerpen und Rotterdam. Im Zentrum, wo Merwede, Noord und Oude Maas zusammentreffen, liegt einer der schönsten **Flusskais** des Landes, den besten Blick darauf bietet der Groothoofdspoort.

Giebelhäuser, schmucke Hofjes und die **Lieve Vrouwekerk** (Lange Geldersekade 2) prägen den Ort. Das liebevoll gestaltete **Simon-van-Gijn-Museum** zeigt Dokumente zur Stadtgeschichte, kunstgewerbliche Exponate und historisches Spielzeug (Nieuwe Haven 29–30, Di–So 11 bis 17 Uhr, 10 €, www.simonvangijn.nl).

Der nahegelegene Naturpark **Hollandse Biesbosch** ist ein wertvoller Lebensraum für unzählige Vogelarten und das Trinkwasserreservoir für Rotterdam. Im Infozentrum (Baanhoekweg 53) kann man u. a. Fahrräder und Kanus leihen.

INFO

VVV
• Spuiboulevard 99 | 3311 GN Dordrecht
Tel. 09 00/463 68 88 | www.vvvzhz.nl

HOTEL

Villa Augustus €€
Originelles neues Hotel im alten Wasserturm und im benachbarten Künstlertreff De Groothoofd mit idyllischem Gemüsegarten und viel gelobtem Restaurant.
• Oranjelaan 7 | Dordrecht
Tel. 078/639 31 11 | www.villa-augustus.nl

RESTAURANT

Knollen & Citroenen €€
Köstliche altflämische und altniederländische Gerichte, freundlich serviert in einer Wirtsstube aus dem 17. Jh.
• Groenmarkt 8 | Dordrecht
Tel. 078/614 05 00
www.knollen-citroenen.nl
Mo/Di Ruhetag.

GORINCHEM 16 ■ F10

Am alten **Lingehafen** zeigt sich das 27 km nordöstlich von Dordrecht gelegene Handelsstädtchen von seiner schönsten Seite: Die Wallmühlen auf der Bastion, der 62 m hohe **Sint Janstoren** mit dem originellen Knick und die Renaissancefassaden verführen nicht nur Freizeitkapitäne zu einem Landgang.

KINDERDIJK 17 ★ ■ E10

Zu den typischsten Sehenswürdigkeiten der Niederlande gehören sicher die 19 Windmühlen 17 km südöstlich von Rotterdam. Der um 1740 erbaute größte Mühlenkomplex der Welt, ein UNESCO-Weltkulturerbe, sorgte früher für die Trockenlegung der umliegenden Polder. Die Mühlen sind im Originalzustand erhalten. Zwei Mühlen, Nederwaard und Blokweer, sind als Museen eingerichtet und informieren wie das Besucherzentrum in der Pumpstation Wisboom über die Geschichte des Komplexes (Mitte März–Okt. tgl. 9–17.30, Mitte Febr.–Mitte März und Nov./Dez. tgl. 11–16 Uhr, Tel. 078/691 23 26, www.kinderdijk.nl, 8 €, Onlinetickets günstiger). Zudem ist Kinderdijk ein Naturschutzgebiet, das man per Rad oder Boot erkunden kann.

GOUDA 18 ■ E9

Als dritte Käsestadt neben Alkmaar › S. 107 und Edam › S. 111 lockt auch Gouda (71 000 Einw.) mit einem touristisch geprägten **Kaasmarkt** (im Sommer jeweils Do Vormittag) vor der **Stadswaag**, die ein elegantes Beispiel niederländischer Renaissance ist. Am Marktplatz steht das gotische **Stadhuis** mit seiner feingliedrigen Fassade, und an sonnigen Tagen leuchten in der **St. Janskerk** filigrane Glasfenster mit weltlichen und religiösen Motiven. Sie haben den Bildersturm von 1566 überstanden (Achter de Kerk 16, März–Okt. Mo–Sa 9–17, sonst 10 bis 16 Uhr, www.sintjan.com).

Im früheren Hospiz Het Catharina Hethuis hinter der Kirche zeigt das **Museum Gouda** interessante Exponate zur Stadtgeschichte (Achter de Kerk 14, Di–So 11–17 Uhr, 10 €, www.museumgouda.nl).

In der Goudse Waag, der ehemaligen Stadtwaage, dokumentiert das **Kaas- en Ambachtenmuseum** die Entwicklung Goudas im Zeichen der gelben Käseräder – getreu dem Motto: »Wer Käse sagt, sagt Gouda!« (Käse- und Handwerksmuseum, Markt 35, April–Okt. tgl. 10 bis 17 Uhr, 4,50 €, www.goudsewaag. nl). › mehr S. 17 Punkt **35**

› mehr S. 17 Punkt **35**

INFO

VVV

• Markt 35 | 2801 JK Gouda
 Tel. 01 82/58 91 10
 www.welkomingouda.nl

HOTEL

Keizerskroon €€
Familienhotel mit zwei Preiskategorien, die Budgetzimmer haben kein eigenes Bad.
• Keizersstraat 11–13 | Gouda
 Tel. 01 82/52 80 96
 www.hotelkeizerskroon.nl

SHOPPING

Gouds Kaashuis
Käsespezialitäten und viele andere nahrhafte Souvenirs.
• Hoogstraat 1 | Gouda
 Tel. 01 82/50 74 18
 www.goudskaashuis.nl

ROTTERDAM 19 ⭐ 📖 D/E10

Die Metropole an der Maas bietet nicht nur den größten Tiefseehafen Europas, die spektakulärste Architektur der Niederlande und eine bunte Bevölkerung von 1,2 Mio. Menschen, sondern eine Fülle an Sehenswürdigkeiten. Die zweitgrößte Stadt der Niederlande strahlt mehr Urbanität und Internationalität aus als Amsterdam und ist der Prototyp einer modernen europäischen Nachkriegsstadt. Alte Bausubstanz findet man nur im malerischen Viertel **Delfshaven.**

1238 erstmals erwähnt, erhielt Rotterdam im Jahr 1340 die Stadtrechte. Der Hafen entwickelte sich im 17. Jh. durch die florierende Tuchindustrie, für einen weiteren Schub sorgte die Industrialisierung im 19. Jh. Am 14. Mai 1940 zerstörten deutsche Bomben bei einem Luftangriff den Hafen und das Stadtzentrum fast vollständig, der Wiederaufbau dauerte Jahrzehnte.

Der etwa 100 km² umfassende Hafen ist einer der größten der Welt. Eine Hafenrundfahrt mit Blick auf die Skyline am Maasboulevard gehört zum Pflichtprogramm eines Rotterdambesuchs.

Im Stadtzentrum weisen Wolkenkratzer den Weg: Am Bahnhof

Vom Aussichtsturm Euromast schweift der Blick weit über die Erasmusbrug und Rotterdam

steht neben dem Hochhaus **Delftse Poort** (Weena 505) mit seinen beiden 151 m hohen Türmen das rekonstruierte **Café de l'Unie** (Mauritsweg 34) als Musterbeispiel der De-Stijl-Architektur. Ein besonderer Blickfang ist die hufeisenförmige **Markthal** (Grote Markt). Hinter den riesigen Glasfassaden befinden sich auf 11 Etagen Marktstände, Läden, Gaststätten, Parkplätze und Wohnungen. › mehr S. 15 Punkt ㉒

Am **Oude Haven** drängt sich ein einzigartiges Ensemble zeitgenössischer Architektur: Der avantgardistische **Kijk-Kubus,** eines der in den 1980er-Jahren von Piet Blom entworfenen »Schachtelhäuser«, kann besichtigt werden (Overblaak 70, tgl. 10–18 Uhr, www.kubuswoning.nl). Das nahe **Witte Huis** entstand als erstes Hochhaus Europas 1898 in reinem Jugendstil. Das exzentrische

Maritiem Museum Prins Hendrik wurde nach Entwürfen des Niederländers Wim G. Quist in Form eines diagonal halbierten Quaders erbaut. Zu bewundern sind hier aber auch 20 Schiffe (Leuvehaven 1, Di–Sa 10 bis 17, So 11–17 Uhr, 12,50 €, www.mmph.nl). › mehr S. 12 Punkt ❼

Kunst in großer Vielfalt lockt im Museumpark. Das **Museum Boijmans van Beuningen** zeigt Gemälde altniederländischer Meister, daruner Hieronymus Bosch und Pieter Breughel d. Ä., von Impressionisten und Surrealisten (Museumpark 18, Di–So 11–17 Uhr, 20 € www.boijmans.nl). › mehr S. 17 Punkt ㉜ Die **Kunsthal,** ein Frühwerk von Rem Koolhaas, bietet hochkarätige Ausstellungen und ein Café mit tollem Parkblick (Westzeedijk 341, Di–Sa 10–17, So 11–17 Uhr, 16,50 € www.kunsthal.nl).

Weithin sichtbar erhebt sich der Aussichtsturm **Euromast** im Rotterdamer Park. Von der Plattform in 185 m Höhe reicht der Blick bei gutem Wetter bis hin zur Maasmündung (Parkhaven 20, tgl. 10–23 Uhr, 9,75 €, www.euromast.nl).

Nicht weit vom Park finden große und kleine Entdecker im **Wereldmuseum** spannende völkerkundliche Exponate (Willemskade 25, www.wereldmuseum.nl, Di–So 10 bis 17 Uhr, während Renovierung 2019 Eintritt frei).

Der **Kop van Zuid,** der Kopf von Süd-Rotterdam, wurde ein Magnet für innovative Stadtplaner: Seit 1993 entsteht am Wilhelminapier eine Skyline mit aufregenden Wolkenkratzern wie Toren op Zuid, Montevideo, World Port Centre, New Orleans, Maastoren und De Rotterdam. 2021 wird mit 215 m hohen Wohnturm Zalmhaventoren das höchste Gebäude der Niederlande eröffnen. Weitere architektonische Highlights sind die kühne, Empfangshalle des Hauptbahnhofs und der Milleniumtoren gegenüber.

Die zackig-schwungvolle **Erasmusbrug,** eine Schrägseilbrücke mit 139 m hohem, strahlend weißem Pylon, verbindet den Kop van Zuid mit dem Stadtzentrum. Besonders schön ist ein abendlicher Spaziergang, wenn die modernen Glaspaläste und die Erasmusbrug bunt erleuchtet sind.

INFO

VVV
• Coolsingel 114 | 3011 AG Rotterdam
  Tel. 010/790 01 85 | www.rotterdam.info

VERKEHR

Spido Rondvaarten
Hafenrundfahrten
• Wilhelmsplein (Anleger)
  Rotterdam | Tel. 010/275 99 89
  www.spido.nl

HOTELS

H2OTEL €€
Im alten Hafenbecken vertäutes Pontonhotel im klassisch-maritimen Design, mit attraktiven Wochenendarrangements und spaßigen Picknickbooten für Hafenrundfahrten.
• Wijnhaven 20a | Rotterdam
  Tel. 010/444 56 90
  www.h2otel.nl

Emma €€
Modernes kleines Mittelklassehotel mit freundlicher Atmosphäre.
• Nieuwe Binnenweg 6 | Rotterdam
  Tel. 010/436 55 33
  www.hotelemma.nl

RESTAURANTS

Parkheuvel €€€
Eigenwillig, selbstbewusst und unendlich kreativ hält Erik de Loo sein Gourmetrestaurant weiterhin in der nationalen Spitzenklasse.
• Heuvellaan 21 | Rotterdam
  Tel. 010/436 05 30
  www.parkheuvel.nl
  Sa mittags und So geschl.

Old Dutch €€
Gediegene Klassiker der holländischen Küche mit opulenten Portionen.
• Rochussenstraat 20 | Rotterdam
  Tel. 010/436 03 44
  www.olddutch.net
  Sa/So geschl.

Pannekoekenboot €€

Lecker und dazu noch sehenswert ist die abendliche Minikreuzfahrt (20 Uhr) auf der Maas samt Pfannkuchenbuffet.

- Parkhaven 13
  Rotterdam
  Tel. 010/436 72 95
  www.pannekoekenboot.nl

Westelijk Handelsterrein

Das historische Lagerhaus mit mehr als 40 angesagten Geschäften und Lokalen ist eine Fundgrube für Fashionistas und Funshopper.

- Van Vollenhovenstr. 15 | Rotterdam

NACHTLEBEN

Glitzernde Kostüme und lateinamerikanische Rhythmen begeistern am letzten Juliwochenende beim Sommerkarneval der karibischen und südamerikanischen Gemeinden fast 1 Mio. Besucher.

- www.zomercarnaval.nl

AHOY

In der Konzerthalle finden fast jeden Abend Konzerte, Ausstellungen und Events statt.

- Ahoyweg 10
  Rotterdam
  Tel. 010/29 33 00
  Reservierung: 09 00/235 24 69
  www.ahoy.nl

DELFT 20 📍 D9

Als Residenzstadt des Hauses Oranien war das 1246 mit Stadtrechten ausgestattete Delft (103 000 Einw.) seit dem 16. Jh. ein Treffpunkt für Künstler, Händler und Adelige. »Delfter Blau« gilt als klassisches Porzellandesign aus den Niederlanden. Das Herz der »Stadt der Fayencen« schlägt zwischen dem Marktplatz und der Gracht Oude Delft. Giebelhäuser und historische Hofjes gruppieren sich um ehrwürdige Kirchen und nicht zuletzt den Prinsenhof, die Residenz der Oranier.

Im Chor der **Nieuwe Kerk** mit ihrem 109 m hohen Turm beeindruckt das monumentale Renaissancegrabmal von Willem von Oranien. Die Gruft mit den Gräbern des Königshauses ist nicht zugänglich, doch vom Turm erklingt ein schönes Carillion der Amsterdamer Glockengießerfamilie Hemony (Markt 80, www.oudeennieuwekerk delft.nl, Mo–Sa 9–18 Uhr).

Dieses Stadthuis ist der Stolz der Delfter

Das Vermeer Centrum im Haus der Lukasgilde, deren Mitglied der Delfter Maler war

Im prachtvollen Gebäude der St.-Lukas-Gilde erläutert das **Vermeer Centrum,** auf welch unnachahmliche Weise der Maler Jan Vermeer Licht, Farben und Komposition beherrschte. Sieben der nur 34 von ihm hinterlassenen Gemälde sind im Rijksmuseum Amsterdam › S. 52 und im Mauritshuis Den Haag › S. 97 zu bewundern (Voldersgracht 21, Tel. 015/213 85 88, www.vermeerdelft.nl, tgl. 10–17 Uhr, 9 € inkl. Audioguide).

Das **Stadhuis** im Stil der Renaissance wurde nach Plänen von Hendrik de Keyser am Marktplatz errichtet, der den gotischen Turm in gekonnter Manier integrierte.

Die **Oude Kerk,** älteste Pfarrkirche der Stadt (um 1250), dominiert die Straßen um die Oude Gracht. Ihr schiefer, 75 m hoher Turm, der sogenannte Oude Jan, gilt als Wahrzeichen von Delft (Geestkerkhof 25, www.oudeennieuwekerkdelft.nl, Mo–Sa 9–18 Uhr).

Der um 1400 als Kloster St. Agatha erbaute **Prinsenhof** 5 war im Freiheitskampf unter Willem von Oranien das Zentrum des Widerstands gegen die Spanier und dient heute als Museum. Neben der Ausstellung zur Geschichte der Oranier, der Stadt und der Niederlande beeindruckt die reiche Sammlung Delfter Porzellans (Sint Agathaplein 1, www.prinsenhof-delft.nl, Juni bis Mitte Aug. tgl., sonst Di–So 11 bis 17 Uhr, 12 €). › mehr S. 17 Punkt 31

INFO

Toeristen Informatiepunt Delft
• Kerkstraat 3 | 2611 GX Delft
  Tel. 015/215 40 52 | www.delft.nl

HOTELS

Best Western Museumhotels €€€
Nobelhotel in zwölf Pack- und Handelshäusern aus dem 17. Jh.
• Oude Delft 189 | Delft
  Tel. 015/215 30 70
  www.museumhotels.nl

Leeuwenbrug €€
Malerisches Haus an einer der
zentralen Grachten.
• Koornmarkt 16 | Delft
  Tcl. 015/214 77 41
  www.leeuwenbrug.nl

RESTAURANT
De »V« €
Holländische Küche mit günstigen Menüs,
gemütliche Pontonterrasse, gemischtes
Publikum.
• Voorstraat 9 | Delft
  Tel. 015/214 09 16
  www.cafe-de-v.nl

SHOPPING
In der **Koninklijke Porceleyne Fles** lassen
sich Keramikmaler bei ihrer Arbeit über die
Schulter schauen.
• Rotterdamseweg 196 | Delft
  Tel. 015/760 08 00
  www.royaldelft.nl
  April–Okt. tgl. 9–17, sonst Mo–Sa
  9–17 Uhr, auch deutsche Führungen

DEN HAAG 21 📕 D9

Die Hauptstadt (537 000 Einw.) der
Provinz Zuid-Holland ist Sitz der
niederländischen Regierung und
des Internationalen Gerichtshofs.
König Willem-Alexander hat hier
seinen Arbeits- und Wohnpalast.
Drastisch ist der Kontrast zwischen
alter Bausubstanz und Bürohoch-
häusern, zwischen Renaissance und
Postmoderne.

Im Ridderzaal des mittelalterlichen **Binnenhofs** (Führungen Mo–
Sa 10–16 Uhr) eröffnet der König
am ersten Dienstag im September
die Sitzungsperiode des Parlaments.

Die königliche Gemäldegalerie
Mauritshuis 6 , eines der renommiertesten Museen des Landes, ging
aus den Sammlungen des Hauses
Oranien hervor und besitzt Meisterwerke von Künstlern wie Hol-
bein, Hals, Rubens, Rembrandt und
Vermeer (Korte Vijverberg 8, Mo
13–18, Di/Mi, Fr–So 10–18, Do bis
20 Uhr, 15,50 €, www.mauritshuis.
nl). › mehr S. 15 Punkt **26**

Im **Haagse Gemeentemuseum**
überwiegt hingegen die Kunst der
Moderne. Das Museum besitzt die
mit 50 Werken weltweit größte Piet-
Mondriaan-Sammlung (Stadhou-
derslaan 41, Di–So 10–17 Uhr, 15 €
www.gemeentemuseum.nl).

Eines der wenigen noch erhaltenen Rundbilder ist das 14 x 120 m
große **Panorama Mesdag** mit einer
Ansicht des Fischerdorfes Scheveningen im Jahr 1881 (Zeestraat 65,
Mo–Sa 10–17, So 11–17 Uhr, 10 €,
www.panorama-mesdag.nl). › mehr
S. 15 Punkt **24**

INFO
The Hague Info Store
• Spui 68 | 2511 BT Den Haag
  Tel. 070/361 88 60 | www.denhaag.com

HOTEL
Petit €€
• Groothertoginnelaan 44
  Den Haag | Tel. 070/346 55 00
  www.hotelpetit.nl

RESTAURANTS
Calla's €€€
Mit Michelinstern geadelte, feinste Zube-
reitung von Fisch und Meeresfrüchten.
• Laan van Roos en Doorn 51a

Den Haag | Tel. 070/345 58 66
www.restaurantcallas.nl
Mo geschl.

't Goude Hooft €€
Speisen auf der Terrasse der ältesten Herberge der Stadt, ideal für eine Kaffeepause.
• Dagelijkse Groenmarkt 13 | Den Haag
  Tel. 070/744 88 30 | www.tgoudehooft.nl

NOSTALGISCHE STRANDBÄDER

• **Domburg,** das traditionsreiche, lebhafte Seebad in Zeeland, war früher wegen des besonderen Lichts bei Künstlern als Sommerfrische beliebt, heute genießen viele Familien Sand, Sonne und Pfannkuchen. › S. 87
• Mondän und international gibt sich **Scheveningen,** das Seebad mit dem königlichen Kurhaus und der beeindruckenden Landungsbrücke vor den Toren Den Haags. › S. 98
• Stilvoll kann man auf dem Koningin Wilhelmina Boulevard in **Noordwijk** flanieren, für den 13 km langen Strandmarsch braucht man etwas mehr Kondition. › S. 101
• Deutsche Badegäste lieben **Zandvoort,** das nicht nur einen schönen Strand, sondern auch ein turbulentes Nachtleben bietet. › S. 106
• Beschaulich ruhig kann man in **Egmond aan Zee** Strandburgen bauen, in den Dünen wandern und die Nordseeluft genießen. › S. 106

NACHTLEBEN

Im **Nederlands Dans Theater** bieten drei erstklassige Ensembles die Werke weltbekannter Choreografen dar.
• Schedeldoekshaven 60
  Den Haag
  Tel. 070/880 01 00
  www.ndt.nl

SCHEVENINGEN ⭐ D9

Im renommiertesten Strandbad der holländischen Nordseeküste flanieren Besucher gern über die imposante Landungsbrücke. Besonders entspannt ist die etwa 20-minütige Anreise mit der Straßenbahn von Delft (Linie 1) oder Den Haag (Linie 11). › mehr S. 14 Punkt **16**

Mittelpunkt des Ortes ist das **Kurhaus** am Gevers Deynootplein, ein um 1900 erbauter Jugendstilpalast mit sehenswertem Interieur, der inzwischen als Luxushotel genutzt wird. Einen Besuch verdienen das Museum **Beelden aan Zee** mit seiner Skulpturensammlung (Harteveldstr. 1, Tel. 070/358 58 57, www.beeldenaanzee.nl, Di–So 10–17 Uhr, 17,50 €) sowie das interaktive **MuZEE Scheveningen.** Der Schwerpunkt der stadthistorischen Sammlung widmet sich der Schifffahrt (Neptunusstr. 92, Tel. 070/350 08 30, www.muzee.nl, Di–Sa 10–17, So 12–17 Uhr, 7,50 €).

INFO
The Hague Info Store
Auch für Schwevenigen zuständig.
• Spui 68 | 2511 BT Den Haag
  Tel. 070/361 88 60
  www.scheveningen.nl

HOTEL

Grand Hotel Amrâth Kurhaus €€€
Mondäne Adresse seit 1885, aber mit
modernstem Komfort und Spielkasino.

• Gevers Deynootplein 30
  Scheveningen | Tel. 070/416 26 36
  www.amrathkurhaus.com

RESTAURANT

Spijs €€
Fisch und Meeresfrüchte schmecken hier
besonders gut. Zu empfehlen ist das Über-
raschungsmenü.

• Wassenaarsestraat 147 | Scheveningen
  Tel. 070/358 69 75 | www.spijs.com
  Mo geschl.

LEIDEN 23 📖 E8

Die sehr lebhafte Universitätsstadt
(124 000 Einw.) schmückt sich mit
dem guten Ruf ihrer Institute ebenso wie mit prachtvoller Bausubstanz
und humanistischer Tradition. 1266
erhielt Leiden die Stadtrechte, wurde 1575 von Willem von Oranien
im Kampf gegen die spanische Besatzung erfolgreich unterstützt und
entwickelte sich danach prächtig.
Davon zeugen noch heute die nob-
len Wohnquartiere mit ihren Hofjes, die Zunfthäuser und die Kirchen. Aus Leiden stammten die

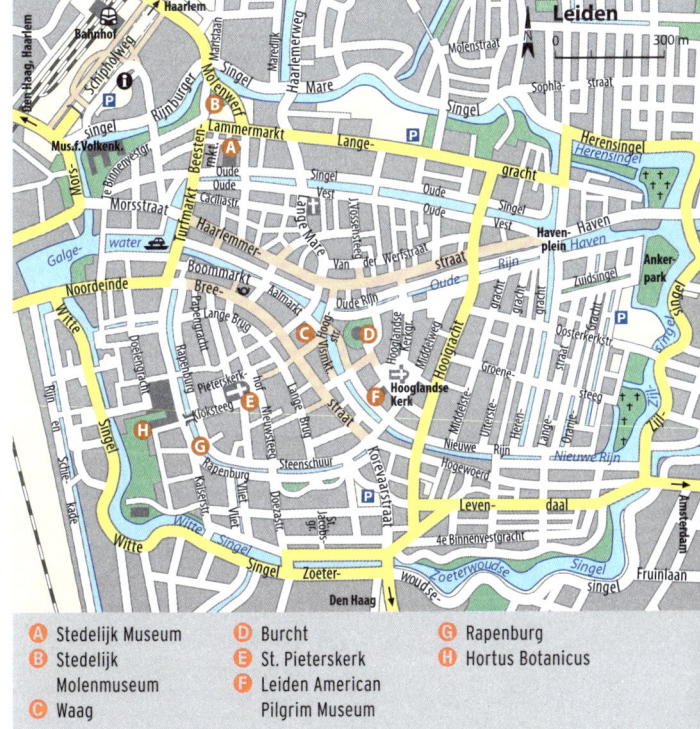

A Stedelijk Museum	**D** Burcht	**G** Rapenburg
B Stedelijk Molenmuseum	**E** St. Pieterskerk	**H** Hortus Botanicus
C Waag	**F** Leiden American Pilgrim Museum	

Maler Lucas van Leyden, Jan Steen und Rembrandt van Rijn, hier lehrte u. a. der Philosoph René Descartes. Zudem erhielten Exkönigin Beatrix und König Willem-Alexander an der ältesten Universität der Niederlande in Leiden ihren akademischen Schliff.

Wichtigste Sehenswürdigkeit ist das **Stedelijk Museum** Ⓐ in der Lakenhal, der Tuchhalle aus dem 17. Jh. Hier sind u. a. Gemälde zur Stadthistorie und eine kostbare kunsthandwerkliche Sammlung zu sehen (2019 wegen Renovierung geschl., www.lakenhal.nl).

Das **Stedelijk Molenmuseum** Ⓑ in der historischen Getreidemühle De Valk (1743) zeigt, wie Windmühlen konstruiert sind, und informiert über die diversen Mühlenty-

pen (Tweede Binnenvestgracht 1, Di–Sa 10–17, So 13–17 Uhr, www.molenmuseumdevalk.nl).

Die **Waag** Ⓒ am Aalmarkt ist ein schöner Renaissancebau niederländischer Prägung.

Die **Burcht** Ⓓ (Burgsteeg 14), das älteste Gebäude der Stadt, lag ursprünglich auf einer Rheininsel. Die Ringmauer der Verteidigungsanlage wurde bereits im Jahr 1150 errichtet.

An der **St. Pieterskerk** Ⓔ erinnert eine Inschrift an die Pilgerväter, die 1608 im toleranten Leiden Zuflucht fanden. Viele von ihnen wanderten schließlich 1620 nach Nordamerika aus (Kloksteeg 16, Mo–So 13.30–16 Uhr).

Das **Leiden American Pilgrim Museum** Ⓕ bei der Hooglandse

Leiden lohnt einen Stadtbummel – und erholsame Pausen

Kerk dokumentiert die Geschehnisse (Mi–Sa 13–17 Uhr, 5 €, www.leidenamericanpilgrimmuseum.org).

An der **Gracht Rapenburg** **G** **7** hat bereits seit dem 17. Jh. der Geldadel seine Wohnsitze. Die prächtigen Fassaden der Universität und der Gebäude an der Westseite, wie des Sieboldhuis mit dem Japanmuseum (Rapenburg 19, Di–So 10–17 Uhr, 8 €, www.sieboldhuis.org), spiegeln den Wohlstand und Bürgerstolz ihrer Bauherren wider.

Der **Hortus Botanicus** **H** gilt als der älteste botanische Garten weltweit. Der Arzt Charles de l'Ecluse, besser bekannt als Carolus Clusius, gestaltete ihn 1590 als Apothekergarten (April–Okt. tgl. 10–18, Nov. bis März Di–So 10–16 Uhr, 7,50 € www.hortus.leidenuniv.nl).

INFO

VVV Leiden
• Stationsweg 41 | 2312 AT Leiden
  Tel. 071/516 60 00 | www.visitleiden.nl

VERKEHR

Rederij Rembrandt
Grachtenrundfahrten März–Okt. tgl. um 11, 12, 13.30, 14.45 und 16 Uhr.
• Beestenmarkt | Leiden
  Tel. 071/513 49 38
  www.rederij-rembrandt.nl

HOTEL

De Doelen €€
Hübsches klassisches Haus nahe der Pieterskerk mit Standard- und Deluxe-Zimmern sowie vielen Treppen.
• Rapenburg 2 | Leiden
  Tel. 071/512 05 27
  www.dedoelen.com

RESTAURANT

Brasserie Annie's Verjaardag €
Urgemütlicher Ponton auf dem Wasser mit studentischem Publikum.
• Hoogstr. 1a | Leiden | Tel. 071/512 57 37
  www.annies.nu

AUSFLÜGE VON LEIDEN

KATWIJK **24** 📷 D8 UND NOORDWIJK **25** 📷 D8

Die beiden beliebten südholländischen Strandbäder sind von Leiden aus in rund 30 Min. erreichbar. Weißer Sand, bunte Strandkörbe, stille Wanderwege und Badetrubel prägen die ehemaligen Fischerdörfer. Über das Städtchen **Katwijk** wachen die solide weiße Sint Andreaskerk sowie der Leuchtturm.

Jedes Jahr Mitte April beginnt in der Fußgängerzone von **Noordwijk** der **Bloemencorso** › S. 103 mit originell dekorierten Prunkwagen.

KEUKENHOF **26** ⭐ **8** 📷 E8

Im Herzen des Schnittblumenanbaugebiets **Bollenstreek** nördlich von Leiden explodieren im Frühjahr die Farben: Auf dem Keukenhof blühen Hyazinthen, Krokusse, Narzissen und Tulpen. Etwa 800 000 Besucher werden in nur 8 Wochen gezählt. Jedes Jahr werden dort über 7 Mio. Blumenzwiebeln mit der Hand gepflanzt! › S. 102 Mit einem Skulpturenpark und dem Tulpen-»Walk of Fame« ist der Schaugarten des »Küchenhofs« die größte und meistfotografierte Attraktion des Landes (Stationsweg 166a, 2161 AM Lisse, Tel. 02 52/46 55 55, www.

TULPENTRÄUME UND BLÜTENPRACHT

Was für eine Augenweide! – Tulpen in voller Blüte

Was wären die Niederlande ohne Frühlingsblumen, vor allem ohne Tulpen? Die Pflanzen aus der Türkei, die der Botaniker Carolus Clusius 1593 erstmals in niederländischen Sandboden gesetzt hatte, lösten im 17. Jh. eine »Tulpomanie« in halb Europa aus. Spekulationen mit den exotischen Blumenzwiebeln brachten unter anderen den großen Maler Rembrandt um einen Großteil seines Vermögens. Heute sind die vielfarbigen Blüten und ihre Zwiebelknollen ein weltweiter Exporterfolg.

IMMER WIEDER KEUKENHOF

Er ist der Klassiker im niederländischen Frühjahrstourismus: der Keukenhof bei Lisse. Seit mehr als 60 Jahren präsentieren die niederländischen Blumenzüchter in diesem riesigen Schaugarten ihre prächtigsten Pflanzen und aktuelle Trendsorten. Rund sieben Millionen Blumenzwiebeln – vor allem Tulpen, Narzissen, Hyazinthen, Iris, Lilien und Gladiolen – werden jedes Jahr von Hand gepflanzt und entfalten sich sukzessive zu einem Meer aus Farben. Zusätzlich zur meistfotografierten Augenweide des Landes bieten die Gartenexperten eine Fülle an Tipps und guten Ideen für die Gestaltung von Beeten, Gewächshäusern und Themengärten, während sich Kinder im Irr- und Skulpturengarten sowie auf einer großen Spielwiese austoben können > S. 101.

ADEL VERPFLICHTET

Die perfekt arrangierte Blütenpracht bleibt oft hinter hohen Mauern verborgen. Im **Kasteel De Haar** 📍 F8 bei Utrecht beispielsweise steht das neugotische Schloss zwischen römischem, französischem und einem Rosengarten inmitten eines romantischen Landschaftsparks (Kastellaan 1, 3455 RR Haarzuilens, Tel. 030/677 85 15, www.kasteeldehaar.nl, Sommer tgl. 12 bis 17 Uhr, sonst kürzer, 17 €).

Klassische Barockgärten umgeben dagegen das **Paleis Het Loo** bei Apeldoorn › S. 122 und das **Wasserschloss Weldam** 📍 L8 (Diepenheimseweg 114, 7475 MN Markelo, Tel. 05 47/27 26 47, www.weldam.nl, Mo–Fr 9–16.30 Uhr).

Nahe Utrecht schmückt sich der Adelssitz **Kasteel Huis Doorn,** wo der deutsche Kaiser Wilhelm II. im Exil lebte, mit einem opulenten Rosarium › S. 130. Als schönster Blumenpark der Beneluxländer wird der Schlosspark von **Arcen** › S. 142 mit seinen fantastischen Farb- und Formkombinationen gerühmt, zu dem auch ein asiatisch inspirierter Garten und ein Gewächshaus mit mediterranen Pflanzen gehören.

Auf www.niederlande.de finden Sie weitere Hinweise zu attraktiven grünen Oasen.

BLUMENBEETE ON TOUR

Unbestrittener Höhepunkt der niederländischen Tulpensaison ist der Mitte April stattfindende **Bloemencorso Noordwijk–Haarlem.** Ungefähr eine Million Blüten hüllen dabei die Prunkwagen auf ihrer 40 km langen Strecke vom Seebad Noordwijk nach Haarlem › S. 104 in ein farbenprächtiges, duftendes Kleid. Musikkapellen, hübsche Meisjes und fröhlich-bunte Folkloregruppen begleiten diesen »schönsten Stau des Landes« (www.bloemencorso.info).

TULPEN AUS ERSTER HAND

Im **Tulpenpflückgarten** 📍 J5, etwa 30 km westl. von Meppel, kann man sich von Mitte April bis Mitte Mai den schönsten Frühlingsstrauß aus bis zu 50 (!) Tulpensorten selbst zusammenstellen (Steenwijkerweg 26, 8316 RK Marknesse, www.tulpenpluktuin.nl).

Preisgünstig erhält man die neuesten Kreationen der Züchter beim **Blumenzwiebelmarkt,** der Mitte Oktober in den CNB-Hallen von Lisse stattfindet.

INFO
VVV Lisse 📍 E8
• Heereweg 219 | 2161 BG Lisse
  Tel. 02 52/41 79 00 | www.vvvlisse.nl

ZUM SCHAUEN UND LESEN

Das kleine Museum **De Zwarte Tulp** 📍 B11 in Lisse erklärt mit viel Liebe zum Detail die Historie der Blumenzwiebelzucht sowie aktuelle Techniken und Trends der Wachstumsbranche (Grachtweg 2a, Di–So 10 bis 17 Uhr, 7,50 € www.museumdezwartetulp.nl).

Zbigniew Herbert bietet in seinem Buch **»Der Tulpen bitterer Duft«** (Insel TB 2014) einen hübsch illustrierten Überblick über die unglaubliche Geschichte der Tulpen-Manie im 17. Jh.

keukenhof.nl, Mitte März–Mitte Mai tgl. 8–19.30, Kasse nur bis 18 Uhr, 18 €, Onlinetickets günstiger). › mehr S. 16 Punkt **28**

HAARLEM **27** 🏛 E7

Die schmucke Provinzhauptstadt (160 000 Einw.) von Noord-Holland ist älter als das nahe Amsterdam. Als Heimat der Grafen von Holland erhielt sie 1245 Stadtrechte, im 17. Jh. brachte der Tulpenhandel viel Geld in die Stadtsäckel. Heute sind die chemische Industrie und grafische Betriebe wichtige Arbeitgeber.

Haarlem empfängt seine Besucher am Stationsplein mit einem **Bahnhofsgebäude A** im prunkenden Schick des Jugendstils.

Der historische Stadtkern rund um den **Grote Markt** wird von repräsentativen Bauwerken des ausgehenden Mittelalters und der Renaissance eingefasst. Das gotische **Raadhuis B** mit zierlicher Renaissanceloggia unter dem Zinnenkranz steht genau an der Stelle, an

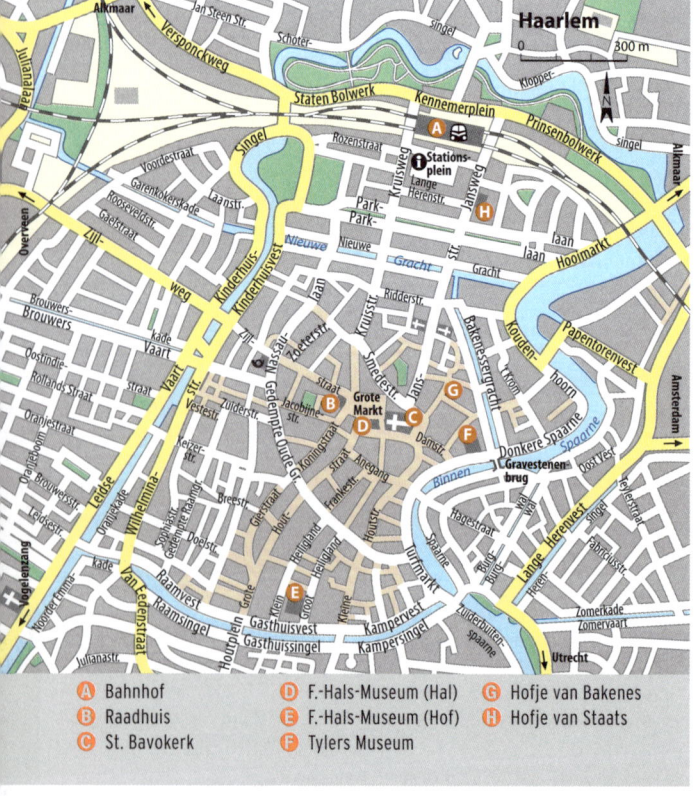

A Bahnhof	**D** F.-Hals-Museum (Hal)	**G** Hofje van Bakenes
B Raadhuis	**E** F.-Hals-Museum (Hof)	**H** Hofje van Staats
C St. Bavokerk	**F** Tylers Museum	

der mit der Pfalz der Grafen die Geschichte der Stadt begann.

Die spätgotische Basilika **St. Bavokerk** Ⓒ mit ihrem 80 m hohen Turm ist das auffälligste Bauwerk der Stadt. Der Großteil der Innenausstattung, so wie die Zedernholzdecke des Hauptschiffs, stammt aus der Zeit vor der Reformation. Berühmt ist die Orgel mit 500 Pfeifen (1738) von Christian Müller. Der Porträtmaler Frans Hals › S. 105 fand in der Kirche seine letzte Ruhestätte (www.bavo.nl, Mo–Sa 10–16, Orgelkonzerte Mai bis Okt. Di 20.15, Do 16 Uhr).

In den einstigen Zunfthäusern Vleeshal, Vishuisje und Verweyhal zeigt das **Frans-Hals-Museum** in der **Hal** Ⓓ genannten Dependance seine Sammlung zur Kunst der Moderne und Gegenwart im Rahmen von Wechselausstellungen.

Der größte Kunstschatz der Stadt, ein Zyklus von acht Schützen- und Regentenporträts des frühen 17. Jh., ist im zweiten Standort des **Frans-Hals-Museums,** dem **Hof** Ⓔ, zu bewundern, ebenso Werke von Jan van Scorel, Maarten van Heemskerck und Jacob van Ruysdael (beide Di–So 11–17 Uhr, 15 € plus 8 € Aufpreis für Sonderausstellungen, www.franshalsmuseum.nl).

Das älteste Museum des Landes gründete 1778 der Tuchhändler Pierre Teyler von der Hulst: **Teylers Museum** Ⓕ präsentiert Zeichnungen aus der Sammlung der Königin Christine von Schweden mit bedeutenden Werken von Goltzius, Michelangelo, Raffael, Arbeiten der Haager Schule sowie der niederländischer Meister, darunter Rembrandt (Di–Fr 10–17, Sa/So 11 bis 17 Uhr, 14 €, auch online, www.teylersmuseum.nl).

Neben Leiden ist Haarlem die Stadt der Hofjes. Die historischen Wohnhöfe sind Oasen der Stille, wie das **Hofje van Bakenes** Ⓖ und das **Hofje van Staats** Ⓗ.

Bei einer Fahrt auf den Kanälen lässt sich die Stadt bestens erkunden. Boote legen an der Spaarne nahe Teylers Museum ab.

💬 **HAARLEMER MALER**

Die Schützen- und Regentenstücke des Antwerpeners Frans Hals (1580 bis 1666), der mit dem Eintritt in die Haarlemer Lukasgilde 1610 seine erfolgreiche Laufbahn als Maler begann, machten ihn quasi über Nacht weit über die Stadtgrenzen hinaus bekannt. Seine scharfe Beobachtungsgabe ließ ihn schon zu Lebzeiten zu einem der wichtigsten europäischen Porträtmaler werden.

Zuvor hatten bereits zwei andere Künstler den guten Ruf der Stadt begründet: Jan van Scorel sowie sein Lehrling Maarten van Heemskerck in der ersten Hälfte des 16. Jhs. Van Gogh zeigte sich noch Jahrhunderte später von der Hals'schen Malweise beeindruckt. Zu den begabtesten Hals-Schülern zählte übrigens eine Frau: Judith Leyster (17. Jh.) schaffte es, den Stil des Meisters perfekt nachzuahmen.

INFO

VVV

- Grote Markt 2 | 2011 RD Haarlem
  Tel. 023/531 73 25
  www.visithaarlem.com

HOTEL

Carlton Square Hotel €€–€€€
Großes Hotel im Zentrum. Zimmer in drei
Kategorien.

- Baan 7 | Haarlem | Tel. 023/531 90 91
  www.carlton.nl/square

RESTAURANTS

Ratatouille Food & Wine €€
Die französische Küche der Brasserie
zeichnet ein Michelinstern aus.

- Lange Veerstraat 11 | Haarlem
  Tel. 023/542 72 70
  www.ratatouillefoodandwine.nl
  So/Mo geschl.

Morris €–€€
Das Restaurant mit langen Bänken in der
prächtigen, ehemaligen Kornbörse serviert
Steaks und Seafood.

- Spaarne 36 | Haarlem
  Tel. 023/532 70 34
  www.restaurantmorris.nl

Hofje Zonder Zorgen €
Leckere Broodjes, Salate und Suppen.

- Grote Houtstraat 142A | Haarlem
  Tel. 023/531 06 07
  www.hofjezonderzorgen.nl
  abends geschl.

SEEBÄDER

Der einstige Fischerort **Zandvoort**
28 E7 hat sich zum vornehmen,
viel besuchten Seebad mit Spielkasino entwickelt. Die Amsterdamse

Waterleidingsduinen sind das Trinkwasserreservoir der Metropole
(Haupteingang: Aerdenhout, Voge-
lenzangseweg). Diese wie auch die
imposanten Sandwellen der Kenne-
merduinen sind ein ideales Revier
für Radfahrer und Spaziergänger.
Die mittelalterliche Burgruine Bre-
derode wird immer wieder vom
Sand verweht.

Der **Nationalpark Zuid-Kennemerland** 29 E7 zwischen Zandvoort und IJmuiden ist ein wichti-
ges Erholungsgebiet für den
Großraum Amsterdam. Die vor-
herrschenden Parabeldünen wurden zum geologischen Denkmal
erklärt. In den Infozentren am
Parkrand erfährt man Interessantes
über den Wasserhaushalt, die Bio-
diversität und frühere Nutzung
der Region (www.np-zuidkennemer
land.nl).

Im Norden zieht sich die einzigartige Dünenlandschaft des **Noordhollands Duinreservaat** 9
E6/7 bis nach Bergen. Das ausgedehnte Naturschutzgebiet ist nur
gegen Eintritt zugänglich (Ticketau-
tomaten). Auf Spaziergängen oder
Fahrradtouren lassen sich viele Vogelarten beobachten.

Nördlich des Nordzeekanals reihen sich ehrwürdige Seebäder, von
Alleen durchzogene Villengegenden
und fröhlich-bunte Freizeitareale an
der Küste auf: **Wijk aan Zee** 30 E7,
einst ein bescheidenes Fischerdorf,
darf sich des breitesten Strandes der
niederländischen Küste rühmen.

Egmond aan Zee 31 E6
schmiegt sich samt weißem Leuchtturm in eine idyllische Dünenland-

schaft und hat neben dem vollen Programm für Badeurlauber auch ein kleines Heimatmuseum in der Dorfkirche zu bieten. Draußen im Meer drehen sich die Rotoren eines großen Offshore-Windparks.

Kontrastreich präsentiert sich das Städtchen **Bergen** 32 ▮ E6 als mondänes Strandbad in Bergen aan Zee und mit gepflegten Villenvierteln im Ortsteil Bergen-Binnen. Familien lieben das große Aquarium (Van der Wijckplein 16, www.zee aquarium.nl, April–Sept. tgl. 10–18, sonst 10–17 Uhr, 13,95 €).

HOTEL

Zee Bergen €€
Modernes Haus in ruhiger Waldlage und Dünennähe. Freundliche, helle Zimmer.
• Wilhelminalaan 11
  1861 LR Bergen-Binnen
  Tel. 072/589 72 41 | www.zeebergen.nl

RESTAURANT

Fabels €
Gemütliches Eetcafé mit landestypischer Küche in der Ortsmitte.
• Oude Prinsweg 9 | Bergen-Binnen
  Tel. 072/581 40 03
  www.fabels-bergen.nl

SHOPPING

Über 20 Hallen voller Kitsch, Kunst, Antiquitäten, Lebensmittel und Kleidung vereint **Beverwijkse Bazaar** E7, der größte Markt Europas bei Wijk aan Zee.
• Montageweg 35 | Beverwijk
  www.debazaar.nl | Sa/So 8.30–18 Uhr

ALKMAAR 33 ★ ▮ E6

Viele Besucher kommen nur wegen des bereits im Jahr 1365 erwähnten Käsemarktes (April–Sept. Fr 10 bis 12.30 Uhr) in die Stadt (94 000 Einw.), doch verdienen auch die

Heute birgt die einstige Alkmaarer Waage an der Klappbrücke das Käsemuseum

Gassen und Grachten abseits des Marktplatzes eine Visite, immerhin sind im Stadtkern über 400 historische Gebäude erhalten.

Die Waage (1582) war eine Kapelle, die für das Wiegen der Käselaibe umgebaut wurde. Auf dem hohen Turm setzt sich zu jeder vollen Stunde ein mechanisches Ritterturnier in Bewegung, samstagmittags und an Markt-Vormittagen erklingt ein Glockenspiel. Heute erläutert in dem schmucken Bau **Hollands Kaasmuseum** den Herstellungsprozess (Waagplein 2, April–Okt. Mo–Sa 10–16 Uhr, 5 €, www.kaasmuseum.nl).

Am westlichen Ende der Altstadt grüßt die **Grote Kerk,** die größte spätgotische Kirche der Region. Es ist ein Hochgenuss, wenn die berühmte Schwalbenorgel (16. Jh.) erklingt. Manchmal finden Konzerte statt. Sehenswert ist das **Hofje van Splinter** (Ritsevoort 2), das mit seinem hölzernen Tonnengewölbe und der alten Pflasterung eines der ältesten seiner Art ist.

So gar nicht museal geht es im **Nationaal Biermuseum** zu: Nach dem Rundgang durch Schrotmühle, Labor und Böttcherei stehen in der Probierstube 80 Biersorten zur Wahl (Houttil 1, www.biermuseum.nl, Mai–Aug. Mo–Sa 11–16, sonst Mo–Sa 13–16 Uhr, 5 €).

INFO
VVV
• Waagplein 2
  1811 JP Alkmaar
  Tel. 072/511 42 84
  www.vvvalkmaar.nl

VERKEHR
Grachtenrundfahrten ab Mient (bei der Waage) Mai–Aug. tgl. ab 11 Uhr jede volle Std., April, Sept./Okt. nur Mo–Sa.
• www.rondvaartalkmaar.nl

HOTEL
Golden Tulip Alkmaar €€
Verkehrsgünstig am Rand der Altstadt gelegen, modern und geschmackvoll, Sauna, Fitnessraum; gutes Frühstücksbuffet.
• Arcadialaan 6 | Alkmaar
  Tel. 072/540 14 14 | www.hotelalkmaar.nl

DEN HELDER 34 ▮ E4

Die Hafenstadt (57 000 Einw.) am Kop van Holland ist Ankerplatz der königlichen Marine und zugleich auch Sitz der Kadettenanstalt, der Reichswerft und Fährhafen für die Watteninsel Texel › S. 73. Auf dem Areal des Forts Kijkduin aus dem 18. Jh. befindet sich u. a. das tolle **Zeeaquarium,** in dem Plexiglastunnel durch die Lebensräume der Ozeane führen (Admiral Verhuellplein 1, Tel. 02 23/61 23 66, www.fortkijkduin.nl, April–Okt. tgl. 10 bis 17, sonst 11–17 Uhr, 8 €).

AFSLUITDIJK 35 ▮ F4–G3

Der 1932 eröffnete, 32 km lange, windumtoste Abschlussdeich des IJsselmeeres wehrt Sturmfluten ab und hilft, den Wasserstand im Poldergebiet zu regulieren. Ungefähr 5 km vor der Abfahrt in Friesland erhebt sich ein Aussichtsturm, der einen weiten Panoramablick über die raue See und das technische Meisterwerk bietet.

MEDEMBLIK 36 📖 F5

Schon 1289 erhielt das idyllische **Medemblik** die Stadtrechte und stieg zur Hauptstadt Westfrieslands auf. Hübsche Giebelhäuser säumen den alten Hafen mit heiterer Atmosphäre. Familien besuchen Medemblik wegen seines imposanten, von Wassergräben umgebenen Kasteel Raboud An den Sommerwochenenden finden oft historische Events an der Burg statt (Oudevaartsgat 8, Di–Do, Sa/So 11–17 Uhr, www.kasteelradboud.nl).

TWISK 37 📖 F5

Wenige Kilometer südlich von Medemblik liegt das malerische Dorf **Twisk**. Dort sorgte der Denkmalschutz für die Restaurierung einer Kirche (14. Jh.), mehrerer Bauernhöfe und würdevoller Herrenhäuser mit ihren geschnitzten Eingangstüren und zierlichen Kaminen.

ENKHUIZEN 38 📖 G5

Pittoresk liegt die Kleinstadt (18 000 Einw.) inmitten riesiger Blumenfelder auf einer Halbinsel im IJsselmeer. Die gut erhaltene Bausubstanz im Ortskern zeugt vom Wohlstand im 17. Jh., als Handel und Heringsfang enorme Summen einbrachten. An etlichen Backsteingiebelhäusern wird ihre zur Gasse geneigte Fassade verwundern: Einen halben Zentimeter je Höhenmeter neigen sich die Mauern nach vorn, denn wurden früher prall gefüllte Säcke mit duftenden Gewürzen aus Übersee am Takel-

---

💬 SCHÜTZENDE DÜNEN

Von Natur aus instabil und wandlungsfähig, aber dennoch beständig bilden die Sanddünen am Nordseestrand einen natürlichen Schutzwall für die von Erosion bedrohten Küstenstreifen: Wo steter Westwind bläst und die Wellen gegen den Strand schlagen, wurzeln zähe Pionierpflanzen auf den Vordünen. In der zweiten Reihe finden Sandregenpfeifer windgeschützte Nistplätze, wachsen Sanddorn und Stranddisteln. Weiter landeinwärts sind die offenen Dünen bereits mit Gestrüpp bewachsen – oder mit alten Villen bebaut. Dort bilden sich Süß- oder Brackwasserbecken sowie wichtige Biotope für die Küstenflora und Fauna. Als Landschaftsschützer grasen dort schottische Hochlandrinder.

Nicht nur in den Naturschutzgebieten der Kemmenerduinen und des Noordhollands Duinreservaat sowie in den Schoorlse Duinen bei Camperduin, wo mit 54 sandigen Metern die höchste Düne der Niederlande aufhäuft, und im Vogelschutzgebiet De Putten im Natuurreservaat Zwanenwater bei Callantsoog gelten strenge Schutzmaßnahmen. Fast überall müssen Erholungssuchende eine Eintrittskarte lösen, das Wegegebot beachten und ihre Hunde an die Leine nehmen.

balken emporgezogen, stießen sie so nicht an die Fassade! Sehenswert ist außerdem die **Gommaruskerk** (Westerstraat), eine gotische Hallenkirche aus dem 15. Jh. mit herrlichem Schnitzwerk am Lettner und einer großartigen Bibliothek.

Die stürmische Fahrt über die Deichtrasse durch das Markermeer hinüber nach Flevoland › S. 126 ist nicht nur für Radler ein Erlebnis.

Kunst, Design, Mode, das kulturelle Erbe und immer wieder auch der Bezug zwischen Wasser und Land prägen die abwechslungsreichen Ausstellungen des **Zuiderzeemuseums** 🔟 in Enkhuizen. Auf dem parkähnlichen Freigelände bilden 135 alte Gebäude und historische Schiffe ein faszinierendes Ensemble. Dadurch sowie durch die Exponate im angeschlossenen Binnenmuseum wird die Verwandlung der ehemaligen Nordseebucht, der Zuiderzee, in das heutige Binnengewässer namens IJsselmeer dokumentiert (Eintrittspavillon Sluisweg 1, Tel. 02 28/35 11 11, Freilichtmuseum: April–Okt., Binnenmuseum: tgl. 10–17 Uhr, 9 €, auch online, www.zuiderzeemuseum.nl).

INFO
VVV
- Tussen Twee Havens 1
  1601 EM Enkhuizen | Tel. 02 28/31 31 64
  www.vvvenkhuizen.nl

AKTIVITÄTEN
Naupar bietet Segeltörns auf traditionellen Flachkähnen mit Crew und Bordservice.
- Stationsplein 3 | Enkhuizen
  Tel. 088/252 50 00 | www.naupar.com

HOTEL
Die Port van Cleve €€
Individuelles Familienhotel in einem historischen Gebäude von 1540.
- Dijk 74–76 | Enkhuizen
  Tel. 02 28/31 25 10
  www.dieportvancleveenkhuizen.nl

RESTAURANT
Die Drie Haringhe €€
Feine niederländische Küche in einem ehemaligen Lager der Ostindischen Kompanie, von Meeresfrüchten bis Lammbraten, ansprechende Weinkarte.
- Dijk 28 | Enkhuizen | Tel. 02 28/31 86 10
  www.diedrieharinghe.nl
  Mo/Di geschl.

HOORN 39 ▌ F6

Vor der Klinkerpracht der Lagerhäuser schaukeln am pittoresken Hoofdtoren die Masten der Jachten im Wind. Dank seiner geschützten Lage an der Zuiderzee konnte sich Hoorn (73 000 Einw.) vom 14. Jh. an zu einem wichtigen Umschlagplatz für den Überseehandel und den westfriesischen Fischfang entwickeln. Im 17. Jh. hatten hier sowohl die Ostindische als auch die Westindische und Nordische Compagnie ihren repräsentativen Sitz.

Ein wappengeschmücktes Giebelhaus (1632) gegenüber der Stadtwaage beherbergt das **Westfries Museum.** Die Historie Westfrieslands wie auch das Alltagsleben im Wandel der Zeiten wird anhand verschiedener Exponate wie Kleidung oder Haushaltsgerät erläutert (Rode Steen 1, www.wfm.nl, Di–Fr 11–17, Sa/So 13–17 Uhr, 9 €).

INFO

Toeristisch informatiepunt Hoorn
- Schuijteskade 1 | 1621 DE Hoorn
  Tel. 02 29/85 57 61 | www.hallohoorn.nl

VERKEHR

Museumsbahn Hoorn – Medemblik
- Van Dedemstr. 8 | Hoorn
  Tel. 02 29/21 48 62 | www.stoomtram.nl
  Juli–August tgl., April–Juni, Sept. Di–So

HOTELS

Petit Nord €€
Zentrale Lage am Bahnhof, freundliche
Atmosphäre; 34 moderne, gut ausgestatte-
te Zimmer, auch für Familien.
- Kleine Noord 53–55 | Hoorn
  Tel. 02 29/21 27 50
  www.hotelpetitnord.nl

Controversy Tram Inn €€
Originell ausgestattete Apartments in alten Trambahnwagen sowie ein extravagan-
tes, sehr großes Apartment in einem Zug.
- Konigspade 36 | 1718 MP Hoogwoud
  (15 km nordwestl. von Hoorn)
  Tel. 02 26/35 26 93 | www.controversy.nl

RESTAURANT

D'Oude Waegh €€
Das in der restaurierten Stadtwaage unter-
gebrachte Café-Restaurant serviert niederländische Spezialitäten mit dem gewissen
französischen Pfiff.
- Roode Steen 8 | Hoorn
  Tel. 02 29/21 51 95 | www.oudewaegh.nl

BEEMSTER POLDER

Die historischen Bauernhäuser und
Windmühlen des 1612 trockenge-
legten Beemster Polder südlich von
Hoorn zählen zum UNESCO-Welt-

DIE BESTEN MÄRKTE

- Die buntesten Blüten des Landes
  verwandeln die Amsterdamer Singelgracht südlich des Muntplein
  jeden Tag in ein Farbenmeer. Der
  Bloemenmarkt ist eine Instituti-
  on, neben bunten Sträußen werden auch botanische Raritäten
  verkauft. > S. 56
- Multikulturell, laut und bunt präsentiert sich der **Albert-Cuyp-
  Straßenmarkt,** der täglich im
  Amsterdamer Viertel De Pijp
  stattfindet. > S. 56
- Beim **Workumer Viehmarkt** ▮ G4,
  der am vierten Mittwoch im September in der Nähe von Hindeloopen abgehalten wird, prüfen friesische Händler, manche sogar in
  Tracht, die Qualität der gefleck-
  ten Milchkühe mit einem kräftigen Griff an die Euter.
- Alles dreht sich um den Käse, wenn
  in den Sommermonaten freitags vor
  der historischen Waag in **Alkmaar**
  die weiß gekleideten und je nach
  Gilde rot, grün, blau oder gelb behü-
  teten Käseträger die gelben Laibe
  über den Platz hieven. > S. 107
- Sechs Kilometer lang ist der antiquarische **Büchermarkt,** der am
  ersten Sonntag im August den
  Deventer IJsselboulevard
  schmückt. > S. 125
- Am **Koningsdag,** dem 27. April,
  bieten in vielen Orten auf Frei-
  märkten vor allem Kinder ihre
  ausgemusterten Spielsachen und
  Flohmarktware an.

kulturerbe. Schnurgerade alte Straßen führen durch üppig grünes Weideland. Besonders attraktiv ist **Middenbeemster** `40` 📖 F6: In der Dorfkirche aus dem Jahr 1623, ein Werk Hendrick de Keysers, gibt es eine wunderbare Orgel.

EDAM `41` 📖 F6

Gelbe Käselaibe haben die Kleinstadt (7000 Einw.) weltberühmt gemacht, sie werden bis heute im Juli und August mittwochvormittags auf dem **Kaasmarkt** gehandelt.

Einen Besuch lohnt auch die **Kaaswaag** mit einer Ausstellung historischer Geräte rund um das Thema Käse (Jan Nieuwenhuizenplein 5, Tel. 02 99/37 28 42, April bis Okt. 10–17 Uhr).

Die gotische **Nicolaaskerk** (Grote Kerkstraat) zeichnen bleiverglaste Fenster aus dem 17. Jh. aus. Am **Speeltoren** lässt die Klangfülle eines der ältesten Glockenspiele des Landes aufhorchen.

INFO
VVV
• Damplein 1 | 1135 BK Edam
  Tel. 02 99/31 51 25 | www.vvv-edam.nl

HOTEL
De Fortuna €€
Gemütliche Zimmer und ein Terrassengarten, der bei Sonne zur Kaffeerunde einlädt.
• Spuistraat 3 | Edam | Tel. 02 99/37 16 71
  www.fortuna-edam.nl

SHOPPING
Wijn en kaasspeciaalzaak Edam
In diesem Laden werden niederländische Käsespezialitäten von butterzart bis vollreif-bröslig verkauft.
• Spui 8 | Edam | www.henriwillig.com

VOLENDAM `42` 📖 E6

Hollandidyll pur herrscht im ehemalige Fischerdorf. Vor allem an Feiertagen trägt man stolz die alte Tracht und lässt sich vor den bunten Holzhäuschen fotografieren. Originelle Wanddekoration kann man im **Sigarrenbandjeshuis** bewundern, wo angeblich 7 Mio. Zigarrenbanderolen die Tapeten ersetzen!

MARKEN `43` 🏆 `11` 📖 E7

Die über einen 2 km langen Deich mit dem Festland verbundene Insel bietet ein Stück Holland aus dem Bilderbuch. Als mit der Abtrennung der großen Bucht Zuiderzee von der Nordsee die Fischereierträge zurückgingen, forcierte man den Tourismus als neuen Wirtschaftszweig. Freundlich-nostalgisch wirken die grün-weißen Fischerhäuser, fotogene Holzbrücken und altholländische Trachten, die nicht nur im **Marker Museum** zu sehen sind (Kerkbuurt 44–47, www.markermuseum.nl, April–Okt. Mo–Sa 10–17, So 12 bis 16 Uhr, 3 €).

HOTEL / RESTAURANT
Hof Van Marken €€
Kleines Hotel mit sieben pastellfarbenen Zimmern und einem guten Restaurant.
• Buurt II 15
  Marken
  Tel. 02 99/60 13 00
  www.hofvanmarken.nl

DIE EINDRUCKS-VOLLE LANDESMITTE

Mithilfe von Kanälen und Windmühlen
wird das dem Meer abgetrotzte Land
trockengehalten

Die Provinzen Gelderland und Overijssel überraschen mit historischen Hansestädten, innovativen Museen, Attraktionen für Familien, kreativer Landschaftskunst, avantgardistischer Architektur und dem größten Nationalpark der Niederlande.

Ob kunstsinnig, abenteuerlustig, naturverbunden oder einfach nur neugierig – die Provinzen Gelderland und Overijssel zwischen dem IJsselmeer im Nordwesten und dem breiten Tal der IJssel im Osten halten für alle Besucher etwas bereit.

In den schmucken, altehrwürdigen Hansestädten wie Deventer, Zwolle oder Kampen bewundert man herrschaftliche Fassaden und beeindruckende Kirchen, bummelt durch originelle Geschäfte und speist in stimmungsvollen Restaurants im Grachtenidyll. Die grüne Lunge des Landes, der Nationalpark Hoge Veluwe, ist für Natur- und Kulturfreunde gleichermaßen attraktiv. Rund um Arnheim und Apeldoorn locken familienfreundliche Ziele wie Burger's Zoo und der Affenpark Apenheul, aber auch das königliche Palais Het Loo mit seiner großartigen Parkanlage.

Auf Flevoland und auf dem Noordoostpolder, den erst seit den 1940er-Jahren systematisch trockengelegten Neuländern, faszinieren nicht nur eigenwillige Museen und zahlreiche Objekte grüner Landschaftskunst, sondern auch der reizvolle Kontrast zwischen charmanten historischen Relikten wie Schokland oder Urk und neuen städtebaulichen Experimenten wie in Lelystadt.

Blick auf Deventer

TOUREN IN DER REGION

HANSESTÄDTE AN DER IJSSEL

ROUTE: Doesburg › Bronckhorst › Zutphen › Deventer › Hattem › Zwolle › Hasselt › Kampen

KARTE: Seite 116
DAUER: 4 Tage (ca. 120 km)
PRAKTISCHER HINWEIS:
• Gute Verbindungen mit öffentlichen Verkehrsmitteln, auch als gemütliche Fahrradtour möglich.

TOUR-START:

Stattliche Renditen garantierte im späten Mittelalter das Handelsbündnis der Hanse, dem sich auch sieben Städte an der IJssel angeschlossen hatten. **Doesburg** **7** › S. 121 war im 14. und 15. Jh. eine wohlhabende Stadt, heute erscheint sie eher als schnuckeliges Dorf.

Auch im denkmalgeschützten **Bronckhorst** **9** › S. 122, der kleinsten Stadt der Niederlande, scheint die Zeit stillzustehen, während sich **Zutphen** **8** › S. 121, die Stadt mit den vielen Türmen, innerhalb seiner historischen Wehranlagen inzwischen zu einem lebhaften Ausflugsziel entwickelt hat, in dem man gerne für eine Nacht sein Quartier nimmt. Das Museum Henriette Po-

lak mit seiner beachtlichen Sammlung niederländischer Malerei und einer Geheimkirche ist einen Besuch wert, bevor man sich am nächsten Tag zur Weiterreise bereit macht.

Unübersehbar weist der Turm der Sint Lebuinskerk den Weg hinein in die alte Hansestadt **Deventer** **13** › S. 124. Ein Bummel durch das malerische Bergkwartier und auf dem IJsselboulevard schließt den zweiten Reisetag ab.

Am Morgen des dritten Tages lockt einer der bunten Märkte der Stadt, dann empfängt nach kurzer Fahrt **Hattem** **15** › S. 126 seine Gäste mit der nostalgischen Ruhe eines Städtchens aus dem 15. Jh. Dort lohnen das Nederlands Bakkerij Museum und das Anton-Piek-Museum einen Besuch.

Zwolle **14** › S. 125 dagegen, Station für die dritte Nacht, vereint in seinem sternförmigen Grachtenring bedeutende historische Bauten wie die Onze-Lieve-Vrouwe-Basiliek mit originellen Geschäften und dem berühmten Zwolse Balletjeshuis.

Nach einem Abstecher ins reizvolle Festungsstädtchen **Hasselt** **16** › S. 126, am Zwarte Water folgt man der IJssel abwärts nach **Kampen** **17** › S. 126. Die stolze Hansestadt liegt traumhaft am Fluss, mit alten Toren und verwinkelten Gassen. An der Koggenwerft kann man zusehen, wie traditionelle bauchige Holzschiffe gebaut werden. In Kampen besteht Anschluss an die Tour 10.

TOUR 10

ÜBERRASCHENDES FLEVOLAND

ROUTE: Kampen › Almere › Lelystad › Urk › Schokland › Kampen

KARTE: Seite 116
DAUER: 1 Tag (ca. 125 km)
PRAKTISCHE HINWEISE:
- Die Tour lässt sich sowohl mit dem Auto als auch mit dem Fahrrad unternehmen.
- Radfahrer sollten die meist schnurgeraden Straßen am Markermeer in Nord-Süd-Richtung befahren, um Gegenwind möglichst zu vermeiden.
- Der Nordosten von Almere ist bis auf Weiteres eine unübersichtliche Großbaustelle.

TOUR-START:

Von **Kampen** 17 › S. 126 aus lässt sich die Polderlandschaft von Flevoland, die im 20. Jh. dem IJsseömeer abgerungen wurde, gut an einem Tag erkunden.

Die erste Station ist **Almere** 21 › S. 128 im Südwesten, das mit seinem ungewöhnlichen Museum De Paviljoens und einigen Land-Art-Objekten in der näheren Umgebung beeindruckt.

Danach kann man seinen Orientierungssinn in den funktionalen Wohnsiedlungen von **Lelystad** 20 › S. 127 auf die Probe stellen. Eine

TOUREN IN DER LANDESMITTE

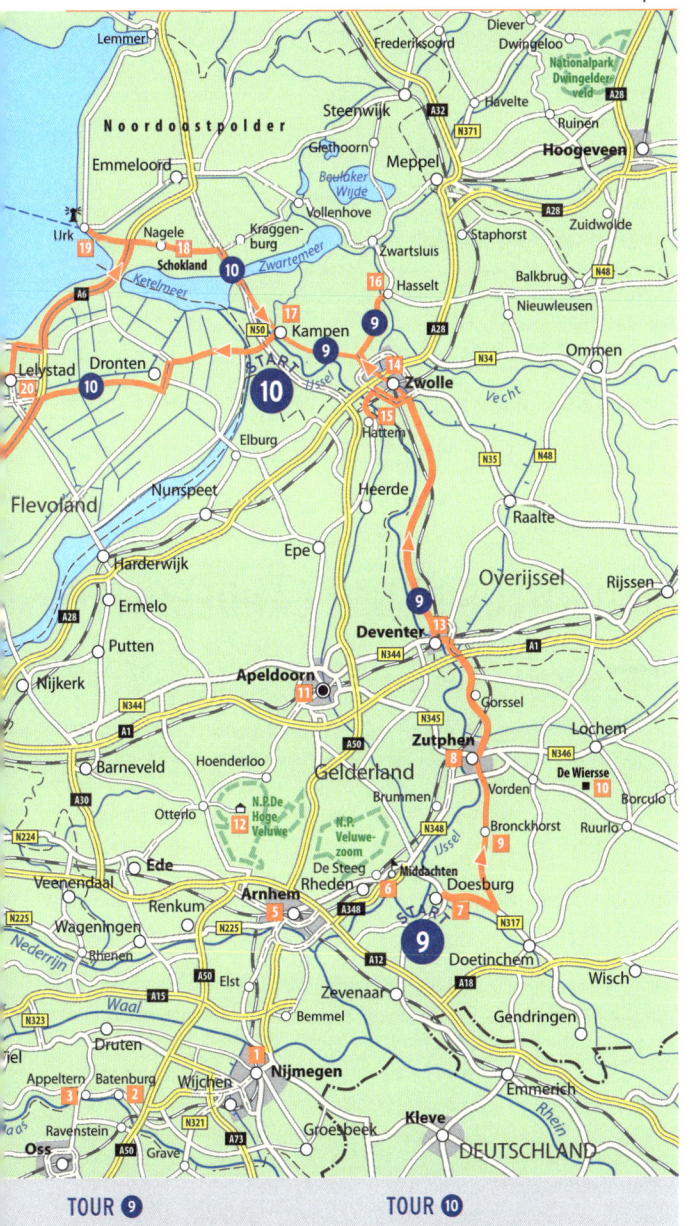

TOUR 9

HANSESTÄDTE AN DER IJSSEL

Doesburg > Zutphen > Deventer >
Hattem > Zwolle > Hasselt > Kampen

TOUR 10

ÜBERRASCHENDES FLEVOLAND

Kampen > Almere > Lelystad > Urk >
Schokland > Kampen

Hilfe: In dem Labyrinth von Klinkerbauten verweisen witzige Details auf ihre Bewohner und erleichtern so die Suche nach dem richtigen Weg. Auf der nahegelegenen Bataviawerft kann man bewundern, wie originalgetreue Nachbauten historischer Schiffe entstehen.

Am Nachmittag lohnen sich ein Bummel durch die alte Hafenstadt **Urk** **19** › S. 127, das einst auf der gleichnamigen Insel lag, und eine Fahrt durch die Wiesen der ebenfalls trockengelegten früheren Insel **Schokland** **18** › S. 126. Im ortsansässigen Museum kann man sich über die Geschichte des heutigen Nordoostpolder informieren, bevor man am Abend wieder nach Kampen zurückkehrt.

WICHTIGE ADRESSEN

VisitOost 📕 J6
• Hanzelaan 351
8017 JM Zwolle
www.hollandsosten.de

Toerisme Flevoland 📕 G6
• Het Ravelijn 1
8233 BR Lelystad
Tel. 03 20/28 67 52
www.ookflevoland.nl

UNTERWEGS IN DER LANDESMITTE

NIJMEGEN **1** 📕 J10

Das älteste Bauwerk der von den Batavern gegründeten und im Zweiten Weltkrieg schwer beschädigten Stadt (177 000 Einw.) ist die Ruine des Valkhofs. Einige der historischen Gebäude, darunter das **Raadhuis** (Korte Nieuwstraat 6), wurden rekonstruiert.

Auf dem dreieckigen **Grote Markt** steht in Bronze erstarrt das Mariken van Nijmegen. Der Überlieferung nach soll das Mädchen mit dem Teufel paktiert haben. Zur Strafe wurden ihm Fesseln aus Eisen angelegt, die gegen Ende der Bußzeit von selbst aufsprangen.

Das mächtige Doppeltor des Kerkboog gewährte früher Zutritt zum sakralen Bereich um inzwischen ökumenisch genutze **St. Ste-** venskerk (1230–1560) mit ihren verspielten Turmspitzen. Dicht an die Kirche drängen sich die alten Kanonikerhäuser und die **Latijnse School** (St. Stevenskerkhof) aus dem 16. Jh., in deren Architektur sich Gotik und Renaissance auf eine harmonische Weise verflechten.

Das Ufer der Waal, des südlichen Mündungsarms des Rheins, begleitet die hübsche **Waalkade.** Mit ihren Cafés und Restaurants direkt am Wasser lädt sie Tagträumer und Genießer zum Verweilen ein.

In einem der alten, sorgfältig restaurierten Hafenhäuser hat sich das **Nationaal Fietsmuseum Velorama** ⭐ mit seiner originellen Ausstellung rund um das Fahrrad einquartiert (Waalkade 107, Mo–Sa 10–17, So 11–17 Uhr, 5 €, www.velorama.nl).

Südöstlich des Stadtzentrums, in **Berg en Dal,** beleuchtet das Afrikamuseum die kulturelle Vielfalt des Kontinents, der als »Wiege der Menschheit« gilt. Besonders begeistern die nachgebauten Dörfer im Außenbereich, wie die verzierten Lehmbauten der Dogan in Mali (Postweg 6, Di–So 10–17 Uhr, 14 €, www.afrikamuseum.nl).

INFO
VVV
- Keizer Karelplein 32h
  6511 NH Nijmegen
  Tel. 09 00/112 23 44
  www.visitnijmegen.com

HOTEL
Atlanta €€
Direkt am Grote Markt, helle Zimmer, familiäre Atmosphäre und schickes Grand Café im Erdgeschoss.
- Grote Markt 38–40 | Nijmegen
  Tel. 024/360 30 00
  www.atlanta-hotel.nl

RESTAURANTS
Wiztlof €€
Elegante, französisch inspirierte Küche.
- Lage Markt 79 | Nijmegen
  Tel. 024/322 40 60
  www.restaurantwitlof.nl
  Mi/Do geschl.

De Blauwe Hand €
Älteste Bar in Nijmegen von 1542.
- Achter de Hoofdwacht 3 | Nijmegen
  Tel. 024/323 20 66
  www.indeblaauwehand.nl

AUSFLUG VON NIJMEGEN

Westlich von Nijmegen beginnt das **Gelders Rivierengebiet.** Tolle Ausblicke über diese flache Flusslandschaft bieten sich von den Deichkronen, die die Häuser vor den Fluten von Maas und Waal schützen.

Batenburg 2 ❚ H10 erweist sich als sympathisches Städtchen mit weißen, reetgedeckten Häuschen.

Nijmegens gute Stube ist der Grote Markt

In dem Gartendorf **Appeltern** 3 H10 mit seinen liebevoll gepflegten Vorgärten überwältigen die vielen Farben. In der rechtwinklig bebauten Oranierfestung **Buren** 4 G10 hat »Buren & Oranje«, ein Museum über das niederländische Königsgeschlecht und seine verwandtschaftlichen Beziehungen nach Deutschland, Platz gefunden (Oude Raadhuis, Markt 1, Tel. 03 44/57 19 22, www.museumburen enoranje.nl, April–Okt. Mo–Sa 10 bis 16.30 Uhr, 5 €).

ARNHEM 5 J9

Im 16. Jh. burgundisch und später unter spanischer Herrschaft, wurde die Hansestadt (159 000 Einw.) am Nederrijn 1672 von französischen Truppen Ludwigs XIV. okkupiert und 1813 von Preußen befreit. 1944

Historische Straßenbahn im Freilichtmuseum bei Arnhem

fielen fast alle historischen Bauwerke den Bomben zum Opfer. Nach alten Plänen wieder aufgebaut, besitzt die Provinzhauptstadt Gelderlands rund um den **Korenmarkt** wieder viel nostalgisches Flair.

Sehenswert ist die **Grote Kerk**, deren Architektur Einflüsse niederrheinischer Spätgotik verrät. Die Turmbesteigung wird mit schönen Ausblicken belohnt (Kerkplein, Mai bis Sept. Di–Sa 10–17, So 12 bis 17 Uhr, sonst kürzer).

Einen ganzen Tag kann man in **Burger's Zoo** verbringen und die Lebensräume der Ozeane, der Regenwälder und der Wüsten samt ihrer Tierwelt erkunden. Mehr als 6000 Tieren leben in den großen Gehegen und weitläufigen Landschaftshallen, in denen man u. a. durch einen Regenwald spazieren kann (Antoon van Hooffplein 1, www.burgerszoo.nl, April–Okt. tgl. 9–19, sonst bis 17 Uhr, 22,50 €, Onlinetickets günstiger).

Das **Nederlands Openluchtmuseum**, ein wunderbares Freilichtmuseum, erinnert an die Traditionen der Landbevölkerung. Beim Rundgang – oder der Rundfahrt mit einer rumpelnden Straßenbahn – entdeckt man Bauernhöfe aus allen Landesteilen sowie einige interessante Mühlentypen wie etwa den in Friesland verbreiteten Tjasker. Das HollandRama am Eingang lädt zu einer multimedialen Reise in die Vergangenheit ein (Schelmseweg 89, Tel. 026/357 61 11, www.openlucht museum.nl, April–Okt. tgl. 10–17, sonst Sa/So 11–16.30 Uhr, 19 €, Onlinetickets günstiger).

INFO

VVV

- Stationsplein 13
  6811 KG Arnhem
  Tel. 09 00/1 12 23 44
  www.visitarnhem.com

HOTELS

NH Rijnhotel €€
Großer Neubau am Ijsselufer, perfekter
Service, moderne Ausstattung, Panorama-
restaurant und Fahrradverleih.

- Onderlangs 10 | Arnhem
  Tel. 026/443 46 42
  www.nh-hotels.com

Landgoed Groot Warnsborn €€
Romantischer ehemaliger Adelssitz mit nobel eingerichteten Zimmern (teils Kamin
oder Terrasse), Wellnessbereich und edler
Brasserie.

- Bakenbergsweg 277 | Arnhem
  Tel. 026/445 57 51
  www.grootwarnsborn.nl

SCHLOSS
MIDDACHTEN 6 ★ ▮ J9

In **De Steeg,** ca. 15 km nordöstlich
von Arnhem, liegt das Landgut
Middachten. »Grüne Zimmer« wie
der Teegarten oder ein prachtvoller
Rosengarten reihen sich als Zeugnisse von 300 Jahren Gartenkultur
um den imposanten Adelssitz. Im
Sommer finden hier Konzerte und
Veranstaltungen statt (Kasteel Middachten, 6994 JC De Steeg, Tel.
026/495 49 98, www.middachten.
com, Gärten: 15. Mai–15. Sept. So
bis Do 10–16.30, Schloss: Juli/Aug.
So 13–16 Uhr).

DOESBURG 7 ▮ J9

Die idyllisch-verträumte ehemalige
Hansestadt an der IJssel liegt mitten
im fruchtbaren »Garten Gelderlands« mit seinen Mühlen und
Gutshöfen. Würze ins Leben bringen die Kreationen der **Doesburg-
sche Mosterd- en Azijnfabriek,** die
Senfsamen aus der Umgebung nach
alten Rezepturen verarbeitet (Boek-
holtstraat 22–26, www.doesburg
schemosterd.nl, Di–Fr 10–17, Sa
11–16 Uhr, 2,50 €).

HOTEL

't Doktershuus €
Geschmackvoll, originell und familiär geführtes B&B mit Garten und Terrasse.

- Veerpoortstraat 26
  6981 BN Doesburg
  Tel. 065/513 87 40
  www.doktershuus.nl

ZUTPHEN 8 ▮ K8

Ein Spaziergang durch die Stadt mit
den vielen alten Türmen führt zu
Giebelhäusern aus der Zeit der
Hanse am Markt, Hout- und Zaad-
markt. Elegante Portale lenken den
Blick auf sich. Ein kunsthistorisches
Juwel ist die **St. Walburgskerk**
(12. Jh., Kerkhof) mit beeindruckenden Fresken und Chorkapel-
len, mittelalterlichem Kronleuchter
und kupfernem Taufbecken (1527).
Im ehemaligen Kapitelsaal der Kirche fand die **Librije,** eine einzigartige Bibliothek mit 400 Büchern, darunter 80 Inkunabeln, ihren Platz.

Sehenswert sind außerdem das
Stadhuis in der Lange Hofstraat,

dahinter der gotische **Burgerzaal** (15. Jh.), ehemals Butter- und Fleischhalle, sowie das **Stedelijk Museum** im früheren Dominikanerkloster (Rozengracht 3, www.museazutphen.nl, Di–So 11–17 Uhr, 7,50 €, Kombiticket mit Museum Henriette Polak 12,50 €). Das **Museum Henriette Polak** bietet einen ausgewählten Überblick über die niederländische Malerei des 20. Jh. (Zaandmarkt 88, www.museumhenriettepolak.nl, Di–So 11–17 Uhr, 7,50 €, Kombiticket mit Stedelijk Museum 12,50 €).

AUSFLUG VON ZUTPHEN

Etwa 16 km südlich von Zutphen liegt **Bronckhorst** `9` 📖 K8, die kleinste Stadt der Niederlande, mit mittelalterlichen Backsteinhäusern und zierlichen Staffelgiebeln.

Das Landgut **De Wiersse** `10` 📖 K8 ist vor allem wegen der raffinierten Blütenkompositionen auf den Beeten und seines »wilden« Landschaftsgartens bekannt (7251 LH Vorden, Tel. 05 71/45 14 09, www.dewiersse.nl, April–Sept. Do und 1. Sa im Monat mit Führung um 10.30 Uhr, außerdem an einigen ausgewählten Tagen im Jahr 10 bis 17 Uhr, 7,50 €).

APELDOORN `11` 📖 J8

Einst ein Heidedorf, hat sich Apeldoorn zu einer bedeutenden Einkaufsstadt (161 000 Einw.) gemausert. Ihre bekannteste Attraktion ist aber die ehemalige Sommerresidenz der Oranier, ein prunkvolles Schloss mit barocken Gartenanlagen, das zuletzt Königin Wilhelmina, der Großmutter von Königin Beatrix, als Altersruhesitz diente. Mittlerweile ist es als **Paleis Het Loo Nationaal Museum** in Staatsbesitz und Besuchern zugänglich (Koninklijk Park 1, Di–So 10–17 Uhr, 7,50 € www.paleishetloo.nl).

Der Affenpark **Apenheul** ⭐ im Westen von Apeldoorn ist die Heimat von mehr als 30 zum Teil bedrohten Affenarten aus aller Welt. Im Park passiert es immer wieder, dass den Besuchern ein vorwitziges Totenkopfäffchen auf die Schulter springt oder nach der Brille greift. Am Eingang erhält man deshalb Tipps, wie man seine Habseligkeiten sicher verstaut. Im Freigehege dürfen Kinder bei den Fütterungen helfen – ein unvergessliches Erlebnis (J. C. Wilslaan 21–31, www.apenheul.nl, Juli/Aug. tgl. 10–18, April–Juni und Sept./Okt. tgl. 10–17 Uhr, 23 €).

INFO

VVV
• Vosselmanstraat 299
7311 CL Apeldoorn
Tel. 055/526 02 00
www.apeldoorn-binnenstad.nl

HOTELS

De Keizerskroon €€€
Das Hotel nahe des Paleis Het Loo besticht mit edlem Ambiente und großen, geschmackvoll eingerichteten Zimmern. Der grandiose Wellnessbereich und das Restaurant mit internationaler Karte machen den Aufenthalt perfekt.
• Koningstraat 7 | Apeldoorn
Tel. 055/521 77 44
www.keizerskroon.nl

De Jonge Stee €€
Schöne Zimmer auf einem ehemaligen Bauernhof in Vierhouten, ideal für Besucher des Wellnessresorts Veluwse Bron.
• Plaggeweg 26 | Apeldoorn
Tel. 05 77/41 02 24
www.dejongestee.nl

RESTAURANT

Het Nieuws van Apeldoorn €€
Solide französisch-italienische Küche und schöne Terrasse, Livemusik.
• Leienplein 12 | Apeldoorn
Tel. 055/5 22 05 66
www.nieuwsvanapeldoorn.nl

NATIONALPARK DE HOGE VELUWE 12 ⭐12 ▮ H8–J9

Das mit 5500 ha größte Naturschutzgebiet der Niederlande fasziniert mit seinen unterschiedlichen Landschaftsräumen: Heidegebiete wechseln mit Wald- und Wasserflächen, wo die Besucher ebenso wie die 150 Vogelarten, Hirsche, Mufflons, Rehe und Wildschweine ungestört herumstreifen können. Eingänge befinden sich in Otterlo, Hoenderloo und Schaarsbergen.

Das originelle **Museonder** unter dem Besucherzentrum De Aanschouw gewährt einen tiefen Blick unter die Heideboden (Houtkampweg 9c, Otterlo, www.hogeveluwe.nl, April–Okt. tgl. 9.30–18, sonst bis 17 Uhr, 9,50 €).

Inmitten des Nationalparks begeistert das einzigartige **Rijksmuseum Kröller-Müller** mit insgesamt 87 Gemälden und 185 Papierarbeiten Vincent van Goghs sowie Meisterwerken der Klassischen Moderne. Dank der Museumsarchitektur bilden die Ausstellungssäle und der 11 ha große Skulpturenpark eine Einheit. Dort stehen über 100 Werke u. a. von Rodin, Serra und Moore (Houtkampweg 6, Otterlo, www.kmm.nl, Di–So 10–17 Uhr, 19,90 €).

Im Nationalpark De Hoge Veluwe

VERKEHR

• De Hoge Veluwe ist autofrei; Besucher stellen ihr Fahrzeug an einem der Eingänge in Otterlo, Schaarsbergen oder Hoenderloo ab. Witte Fietsen, weiße Fahrräder, stehen kostenlos bereit, um den Park auf dem 42 km langen, gut ausgeschilderten Radwegenetz zu erkunden.

HOTEL

Boutique Hotel Sterrenberg €€
Schick gestyltes, modernes Hotel mit Restaurant und Wellnessbereich.
• Houtkampweg 1 | 6731 AV Otterlo
  Tel. 03 18/59 12 28 | www.sterrenberg.nl

RESTAURANT

't Pannekoekhuis Hoenderloo €
Preiswerte fantasievolle Pfannkuchen.
• Krimweg 93 | Hoenderloo
  Tel. 055/378 12 05
  www.pannekoekhuishoenderloo.nl
  Di geschl.

DEVENTER 13 ◗ J7/8

Schon im 9. Jh. war Deventer (100 000 Einw.) ein bedeutendes Handelszentrum. An die Blütezeit der Hanse erinnern viele schmucke Bauten. Das **Stadhuis** (Grote Kerkhof 4) schmücken eine Renaissancegiebelfassade sowie auffällige Pilaster am Seitenflügel. Wegen der romanischen Krypta ihres Vorgängerbaus lohnt die spätgotische **St. Lebuinuskerk** vis-à-vis den Besuch. In der einstigen Stadtwaage zeigt das **Museum De Waag** Exponate zur Geschichte, u.a. Gildensilber und Porzellan (Brink 56, Di–So 11 bis 17 Uhr, 9 €, www.museumde waag.nl). Im **Speelgoedmuseum** wird allerlei (Blech-)Spielzeug präsentiert (Brink 47, Mi–So 11 bis 17 Uhr, 5 €, www.speelgoedmuse umdeventer.nl).

Am 1. Augustsonntag findet am IJsselboulevard der größte niederländische Büchermarkt statt. An fast 1000 Ständen werden auf einer Länge von 6 km überwiegend antiquarische Bücher verkauft.

INFO
VVV
- Brink 89 | 7411 BX Deventer
  Tel. 05 70/71 01 20
  www.deventer.info

HOTEL
Royal €€
Dezent im Retro-Look gehaltenes Haus mit Grand Café und gediegener Küche.
- Brink 94 | Deventer | Tel. 05 70/61 18 80
  www.royal-deventer.nl

RESTAURANT
't Arsenaal €€
Französisch-holländische Kreationen, die in einer früheren Kapelle (15. Jh.) stilvoll serviert werden.
- Nieuwe Markt 33 | Deventer
  Tel. 05 70/61 64 95
  www.restaurantarsenaal.nl
  So geschl.

ZWOLLE 14 ★ ‖ J6

Den von Grachten durchzogenen alten Kern der Provinzhauptstadt (127 000 Einw.) von Overijssel überragt der 90 m hohe Turm der gotischen **Onze-Lieve-Vrouwe-Basiliek** am Ossenmarkt. Sehenswerte Profanbauten der Hansestadt sind der Paleis van Justitie (Blijmarkt), das Vrouwenhuis am Melkmarkt, ein Altersheim für Dienstmädchen aus dem 18. Jh., sowie das spätgoti-

sche Stadttor Sassenpoort, der Rest der Stadtbefestigung im Süden. Das **Historische Centrum Overijssel** dokumentiert neben der Geschichte der Region die von Zwolle , präsentiert auch Wechselausstellungen (Van Wevelinkhovenstraat, www. historischcentrumoverijssel.nl, Di bis Do 9–17 Uhr).

INFO
Zwolle Tourist Info
- Melkmarkt 41
  (Stedelijk Museum Zwolle)
  8011 PK Zwolle | Tel. 038/421 53 92
  www.zwolletouristinfo.nl

HOTEL
Fidder €€
Geschmackvoll und opulent im Jugendstil eingerichtetes Haus in ruhiger Lage. Auch Familienzimmer.
- Koningin Wilhelminastraat 6 | Zwolle
  Tel. 038/421 83 95 | www.hotelfidder.nl

RESTAURANT
De Librije €€€
Zum Feinschmeckerimperium von Jonnie und Thérèse Boer in einem alten Dominikanerkloster gehört nicht nur das beste Restaurant der Niederlande in der eleganten Bibliothek, sondern auch ein Laden mit hausgemachten Spezialitäten, ein Hotel, ein Atelier und ein Cateringservice.
- Spinhuisplein 1 | Zwolle
  Tel. 038/853 00 00 | www.librije.com
  So/Mo geschl.

SHOPPING
»Zwoller Bällchen« sind eine süße Hefeteigspezialität – im **Zwolse Balletjeshuis** (Grote Kerkplein 13) hergestellt nach altem Familienrezept.

HATTEM 15 📖 J6

Wären nicht die Autos, man könnte Hattem für ein Museumsstädtchen halten. In einem Häuschen lebte der Illustrator Anton Pieck (1895 bis 1987). Viele seiner Arbeiten sind im **Anton-Pieck-Museum** ausgestellt (Noordwal 31, Di–Sa 10–17, So 13 bis 17 Uhr, 7,50 €, www.antonpieck museum.nl). Das **Nederlands Bakkerij Museum** erstreckt sich über drei alte Gebäude sowie einen Holzofen (Kerkhofstr. 13, www.bakkerij museum.nl, Di–Sa 10–17 Uhr, 8 €).

INFO

Rond Uit Hattem
• Kerkhofstraat 2 | 8051 GG Hattem
  Tel. 038/444 82 98
  www.ronduithattem.nl

HASSELT 16 📖 J6

Mit dem Boot können Freizeitkapitäne das alte Festungsstädtchen am Zwarte Water stilvoll ansteuern. Aber auch von Land kommend lohnt sich ein Streifzug durch die malerischen Gassen und die lindengesäumten Grachten. Auffallend sind die spätgotischen Bauten der Grote Kerk und des Oude Stadhuis.

KAMPEN 17 📖 J6

Heringe und Hansehandel brachten Geld in die Stadt (54 000 Einw.), die sich fotogen ans IJsselufer schmiegt. Das **Koornmarktspoort** (14. Jh.) an der südlichen IJsselkade ist eines der drei erhaltenen Stadttore. Über die Dächer der Bürgerhäuser erheben sich die Türme der Nikolaas-, Buiten- und Broederkerk sowie der schiefe Rathausturm. In der einstigen Synagoge am Lampetpoort zeigt das **Stedelijk Museum** sehenswerte Ausstellungen (Oudestr. 133, Di–Sa 10–17, So 13–17 Uhr, 8,50 €, www.stedelijkmuseakampen.nl).

HOTEL

Van Dijk €€
Geschmackvoll eingerichtete, zur Straße etwas laute Zimmer mit herrlicher Aussicht auf die IJssel.
• IJsselkade 30
  8261 AC Kampen
  Tel. 038/331 49 25
  www.hotelvandijk.nl

RESTAURANT

De Bottermarck €€
Französisch inspirierte niederländische Küche, gute Fischplatten.
• Broederstr. 23 | Kampen
  Tel. 038/331 95 42
  www.debottermarck.nl
  So geschl.

NOORDOOSTPOLDER

Bis 1942 war der heutige Noordoostpolder ein flacher Teil der Zuiderzee und das Projekt Flevoland ein waghalsiger Plan. Nun sind die trockengelegten Flächen dicht bewachsen und kühn bebaut. Aber an die zwei ehemaligen Inseln Schokland und Urk erinnert noch einiges.

SCHOKLAND 18 📖 H6

Die ehemalige Insel Schokland wurde seit dem 18. Jh. immer wieder vom Wasser überspült und schließlich 1859 auf Befehl des Königs vollständig evakuiert. Die Reste des Schokker Hafens, die Warftkirche und einige restaurierte Mauern stehen auf der Liste des UNESCO Weltkulturerbes. Im Schokland-Museum ist die wechselvolle Geschichte der seit prähistorischer Zeit besiedelten Insel und ihrer Bevölkerung dokumentiert (Middelbuurt 3, www.museumschokland.nl, Juli/Aug. tgl. 11–17, April–Okt. Di–So 11–17, sonst Fr–So 11–17 Uhr, 7,50 €).

URK 19 🏛 H5

Von der alten Insel Urk zeugt nur der Hafen Urk (19 000 Einw.), wo nun vor allem Schollen und Seezungen verladen werden. In dem ehemaligen Fischerdorf sieht man noch ältere Menschen in der typischen schwarzen Urker Tracht samt klappernden Holzschuhen, und am Freitag wird nach calvinistischer Tradition der frische Fang direkt im Hafenareal versteigert. Den Strom für Kühlaggregate und vieles mehr produzieren moderne Windkraftanlagen auf den Polderwiesen.

LELYSTAD 20 🏛 G6

Originell und manchmal verwirrend funktional gestaltete Wohngebiete charakterisieren die moderne Hauptstadt (77 000 Einw.) von Flevoland, der jüngsten niederländischen Provinz, die fast vollständig dem Wasser abgetrotzt wurde. Benannt nach dem Initiator des Zuiderzee-Projekts, Cornelius Lely, ist das erst 1967 begründete Lelystad ein großes Modell für die Wohnwelt

der Zukunft und öffnet gleichzeitig ein Fenster in die Vergangenheit: Nahe dem Deich Lelystad–Enkhuizen kann man auf der Bataviawerft, die zum Museum Batavialand gehört, bewundern, wie die Niederländer einst ihre Segelschiffe bau-

💬 FREILICHTMUSEEN

Die bäuerliche Vergangenheit der Niederlande zeigt sich in den Freilichtmuseen des Landes von ihrer schönsten Seite. Die größte Sammlung an alten Bauernhäusern, Werkstätten und urigen Ladeneinrichtungen ist im **Nederlands Openluchtmuseum** bei Arnhem zu sehen ‣ S. 120, während im autofreien Dorf Orvelte bei Borger, östlich von Assen, die typische Bauweise der Region Drenthe mit einer alten Schmiede und mehreren Handwerkshütten konserviert wurde. Im Kontrast dazu stehen die dunkelgrünen Fischerhäuser des nordholländischen Dorfidylls, die u. a. in der **Zaanse Schans** aufgestellt sind ‣ S. 56. Noch reizvoller als die offiziellen Museumslandschaften sind jedoch solche verträumten Kleinstädte wie Giethoorn ‣ S. 69, Bronckhorst ‣ S. 122 oder Hattem ‣ S. 126, in denen engagierte Nostalgiker den Alltag wie anno dazumal vorleben. Nur die Brillen, Armbanduhren und Mobiltelefone verraten, dass die Zeit hier nicht wirklich stehen geblieben ist.

KUNST IM GRÜNEN

Vor allem in Flevoland, der dem Meer abgerungenen Region ohne Geschichte, bereichern Land-Art-Objekte die Szenerie.

- Die 25 m hohe, aus 1782 Stahlknoten geformte Skulptur **Exposure**, die Figur eines kauernden Mannes von Antony Gormley, schaut vom Markerwarddijk in **Lelystad** aufs IJsselmeer hinaus. › S. 127
- 178 akkurat gepflanzte Pappeln stellen am Tureluurweg in **Almere** nach dem Willen von Marinus Boezen **De Groenen Kathedraal** dar, eine in den Himmel wachsende, aber vergängliche Kopie der Kathedrale von Reims. › S. 128
- Daniel Libeskinds **Polderland Garden of Love and Fire** am Pampushavenweg in **Almere** besteht aus einer rätselhaften Reihe von Metallstreben, die in der Sonne feurig heiß werden. › S. 128
- Grasbewachsene Erdwellen rollen am Reigerweg von **Zeewolde** 🏳 H7 (30 km südöstl. Almere) heran. Hier hat Piet Slegers 1979 die **Aardzee** plastisch gestaltet.
- Anlässlich des 100. Jahrestages des Zuiderzee-Gesetzes 2018 schuf Bob Gramsma das Denkmal **Riff, PD#18245** 🏳 H7 westlich von **Biddinghuizen**. Es spiegelt Rekultivierung und Künstlichkeit des Polders wider. Die neu entstandene Kulturlandschaft ruht wie ein Gebäude auf Pfählen (www.landartflevoland.nl).

ten. An Bord der rekonstruierten »Batavia« aus dem 17. Jh. lässt sich das Leben im Goldenen Zeitalter bestens nachvollziehen (Oostvaardersdijk 1–13, www.batavialand.nl, Di–Sa 10–17, So 11–17 Uhr, 16 €, Onlinetickets günstiger).

Naturliebhaber schätzen den bemerkenswerten Vogelreichtum in den südöstlich gelegenen **Oostvaardersplassen,** einem der wichtigsten europäischen Feuchtbiotope. Anlaufstelle ist ein informatives Besucherzentrum (Kitsweg 1, April–Okt. Di–So 10–17, sonst 12 bis 16 Uhr, Tel. 03 20/25 45 85).

ALMERE 21 🏳 G7

Wer sich für moderne Architektur und eigenwillige Siedlungsprojekte interessiert, der wird den Aufenthalt in Almere (207 000 Einw.) genießen. Die seit 1975 errichtete Stadt ist die am schnellsten wachsende des Landes und eine nur 30 km von Amsterdam entfernte Spielwiese für Architekten. Immer wieder sorgen die Wohnwürmer Containerhäuser, Würfelapartments und andere in Beton gegossene Experimente der modernen Stadtentwicklung für Diskussionsstoff.

Das futuristische Museum De Paviljoens, das bis 2013 in Almere einem interessierten Publikum aktuelle Flevoländer Trends der Themengebiete Design, Fotografie und Architektur vorstellte, ist inzwischen nach Amersfoort › S. 130 umgezogen. In Flevoland sind jedoch in den letzten Jahren weitere spannende Land-Art-Projekte entstanden › Seitenblick links.

UTRECHT 22 ★ ▮ F9

Ein Blick in die Vergangenheit von Utrecht (351 000 Einw.), der Hauptstadt der gleichnamigen Provinz, offenbart römische Spuren. Aus dem antiken Kastell entwickelte sich eine fränkische Burg und mit der Erhebung zum Bischofssitz ein kulturelles Zentrum der Region.

Die Stadt besitzt schöne Klosterhöfe und Kirchen, sehenswerte Rokokoportale und Renaissancebauten. Im Zentrum steht die großartige **Domkerk** im Stil der französischen Kathedralgotik. Der Grundriss ihres romanischen Vorgängerbaus (1674 zerstört) ist auf dem Domplatz eingelassen. Direkt daneben liegt die Universität mit ihrer auffälligen Renaissancefassade.

Das **Centraal Museum** im Agnietenkloster zeigt in hellen, funktionalen Räumen Kunst aus sechs Jahrhunderten und Exponate zur Stadtgeschichte. Kleinen Besuchern widmet sich das Museum Kids Centraal (Nicolaaskerkhof 10, www.centraalmuseum.nl, Di–So 11 bis 17 Uhr, 13,50 €).

Eine Außenstelle des Museums ist das **Rietveld-Schröder-Huis,** ein Höhepunkt der funktionalistischen De-Stijl-Architektur und UNESCO-Weltkulturerbe. Das von Gerrit Rietveld 1924 für Truus Schröder entworfene Wohnhaus ist noch mit originalem Mobiliar ausgestattet (Prins Hendriklaan 50, www.rietveldschroderhuis.nl, Di bis So 11–17 Uhr, 16,50 €, max. 10 Pers. gleichzeitig, Reservierung: Tel. 030/236 23 10). › mehr S. 16 Punkt **29**

Das **Museum van Speelklok tot Pierement** in der ehemaligen Buurkirche unterhält mit kuriosen Musikautomaten, von der Spieldose bis zur Drehorgel (Steenweg 6, Di bis So 10–17 Uhr, Tel. 030/231 27 89, www.museumspeelklok.nl).

INFO
VVV
- Domplein 9 | 3512 JC Utrecht
  Tel. 09 00/1 28 87 32
  www.utrechtyourway.nl

VERKEHR
Rederij Schuttevaer
Grachtenrundfahrten u. Bootsausflüge.
- Weerdsingel | Utrecht
  Tel. 030/231 93 77 | www.schuttevaer.com

HOTEL
Malie Hotel €€
Stilvolles Domizil in Uninähe mit Garten im parkähnlichen Maliebaan-Viertel.
- Maliestr. 2–4 | Utrecht
  Tel. 030/231 64 24 | www.maliehotel.nl

RESTAURANTS
Het Wachthuis €€
Leckere Bioküche und feine Fischgerichte, serviert auf der schönen Gartenterrasse des alten Forts; auch die Innenräume haben viel Atmosphäre.
  Fort aan de Klop | le Polderweg 4
  Utrecht | Tel. 030/266 05 55
  www.fortaandeklop.com

De Oude Muntkelder €–€€
Eines der stimmungsvollen Restaurants bei den Werftkellern der Oude Gracht. Herzhafte Pfannkuchen und solide Hausmannskost in altholländischem Flair.
- Oudegracht a/d Werft 112

Utrecht | Tel. 030/231 67 73
www.deoudemuntkelder.nl

SHOPPING

Das Einkaufszentrum **Hoog Catharijne** lockt mit rund 180 luxuriösen Geschäften plus Kinos, Restaurants und Cafés.
• Catharijnebaan (Zugang über Hbf.)

DOORN 23 🏛 G9

Aus der im 14. Jh. vom Bischof von Utrecht angelegten Ridderhofstad ging der Adelssitz Doorn (10 000 Einw.) hervor. Seit allerdings Wilhelm II., der letzte deutsche Kaiser, 1920 das **Kasteel Huis Doorn** kaufte und dort sein Exil bis zu seinem Tod 1941 verbrachte, ist es mit dem abgeschiedenen Idyll vorbei. Mehr als 80 000 Touristen besichtigen jedes Jahr des Kaisers Grab, das Landgut mit dem prächtigen Keizerlijk Rosarium und die Sammlung wertvoller Kunstschätze, die er auf der Flucht aus Berlin mitnahm (Langbroekerweg 10, Tel. 03 43/42 10 20, www.huisdoorn.nl, Di–So 13–17 Uhr, 12 €).

ZEIST 24 🏛 G9

Wundervolle Villen prägen die Stadt (64 000 Einw.), die allein wegen **Slot Zeist** mit seinen grandiosen Gartenanlagen à la Versailles und den wechselnden Ausstellungen einen Stopp lohnt (Zinzendorflaan 1, Di bis Fr 11–17, Sa/So 13–17 Uhr, www.slotzeist.nl). Zudem bieten die großen Mischwälder der Umgebung viele Möglichkeiten für Wanderungen oder Radtouren.

AMERSFOORT 25 🏛 G8

Ein doppelter Grachtengürtel umschließt den malerischen Stadtkern von Amersfoort (156 000 Einw.). Einmalig sind die Muurhuizen (Mauerhäuser) aus dem späten Mittelalter, die sich an den alten Mauerring drängen, sowie die gotische **Grote Kerk** (Hof 1) mit ihrem Lettner (15. Jh.). Im 100 m hohen Onze-Lieve-Vrouwe-Toren erklingt das Hemony-Glockenspiel.

Als einziges Tor der ersten mittelalterlichen Stadtmauer ist das **Kamperbinnenpoort** am Ende der Langestraat erhalten. Das **Koppelpoort** (14. Jh.), ein Relikt der zweiten Stadtummauerung, wachte über den nördlichen Stadtzugang. Das Wassertor **Monnikendam** kann man noch heute mittels einer Tretmühle verschließen.

Im **Mondriaanhuis** wurde der konstruktivistische Maler Piet (Pieter Cornelis) Mondriaan (1872 bis 1944) geboren. Seit seiner Zeit in Paris (ab 1911) schrieb er sich im Ausland mit einem »a«. Sein Geburtshaus und die angrenzende Schule zeigen als **Museum voor Constructieve en Concrete Kunst** ⭐ Werke Mondriaans und seiner Zeitgenossen (Kortegracht 11, www.mondriaanhuis.nl, Di–So 11 bis 17 Uhr, 12,50 €).

Das **Oliemolenkwartiers** am Rand des neuen Stadtparks wird derzeit zur De Nieuwe Stad umgebaut. Hier sollen bald auch **De Nieuwe Stad Paviljoens** (www.de nieuwestad.nl) die Liebhaber moderner Kunst anziehen. B den Pavillons handelt es sich um die transportablen, von Robbrecht und Deam für die Documenta IX 1992 in Kassel entworfenen, temporären Ausstellungsräume, die bis 2013 in Almere standen und nun in Amersfort ihre dritte Heimat gefunden haben. Das Gebäude besteht aus fünf Pavillons auf zwei Meter hohen Pfählen, die durch Stege miteinander verbunden sind.

INFO

VVV

• Breestraat 1
   3818 LE Amersfoort
   Tel. 033/465 94 44
   www.vvvamersfoort.nl

HOTEL

De Tabaksplant €€
Freundliches Hotel im Zentrum mit einem recht engen Treppenhaus und einem schönen Innengarten.

• Conickstr. 15
   Amersfort
   Tel. 033/472 97 97
   www.tabaksplant.nl

HILVERSUM 26 ❚ G 8

Mit ihren Sendeanlagen bildet die Stadt (90 000 Einw.) das Herzstück der nationalen Medienlandschaft. Sehenswert ist das **Museum Hilversum,** das sich Architektur, Landschaft und Städtebau widmet (Kerkbrink 6, tgl. 11–17 Uhr, 6 €, www. museumhilversum.nl). Am **Loosdrechtse Plassen** südlich der Stadt liegen schöne Herrensitze. Das attraktive Wassersportgebiet entstand durch den Torfabbau.

AUSFLUG VON HILVERSUM

Wälle und Mauern umfassen sternförmig die Festungsstadt **Naarden** 27 ❚ F8, an dessen umkämpfte Vergangenheit das Vestingsmuseum erinnert (Westwalstraat 6, www. vestingmuseum.nl, Di–So 10.30–17 Uhr, 9 €). Einen Blick wert ist das bemalte hölzerne Tonnengewölbe in der gotischen Vituskerk.

Die Festungsinsel Pampus in **Muiden** 28 ❚ F7 wird vom Kasteel Muiderslot dominiert. Im Innern informiert ein Museum über die alte Ritterherrlichkeit (Herengracht 1, Tel. 02 94/25 62 62, www.muider slot.nl, April–Okt. Mo–Fr 10–17, Sa/So 12–17, sonst Sa/So 12 bis 17 Uhr, 15,50 €)

Schloss Zeist stammt aus dem 17. Jh.

DER VIELFÄLTIGE SÜDEN

Die niederländisch-belgische Grenzstadt Maastricht benötigt heute
keine Befestigungsanlagen mehr

Lebensfroh und weltoffen präsentiert sich der vom nahen Flandern geprägte Süden der Niederlande seinen Besuchern. Attraktive Städte wie Maastricht, Roermond und 's-Hertogenbosch halten viele Sehenswürdigkeiten bereit.

Die grenznahe Region im abwechslungsreichen Dreiländereck zwischen Belgien, Deutschland und den Niederlanden ist weit mehr als ein Ausflugsziel für Tagestouren. Die Strände der Nordseeküste, die die meisten Besucher anziehen, sind weit entfernt, aber die reiche Historie von Städten wie Roermond und Thorn und der südliche Lebensstil sind äußerst attraktiv. Maastricht, eine der ältesten Städte der Niederlande und Hauptstadt der Provinz Limburg, ist ein geschichtsträchtiger Ort; hier wurde 1992 der Vertrag über die Europäische Union unterzeichnet. Die Restaurants der Stadt können mit zahlreichen kulinarischen Spezialitäten aufwarten und stehen bei Feinschmeckern seit jeher hoch im Kurs.

An die Zeit des Bergbaus in Limburg erinnern die unterirdischen Attraktionen in Heerlen, noch älter sind die römischen Katakomben von Valkenburg. Quer durch die Provinz Limburg führt außerdem eine ausgeschilderte Schlösserroute, während im Noord-Brabant – nicht nur kulinarisch – die Nähe zu Belgien und das gemeinsame flämische Erbe zu spüren sind. In 's-Hertogenbosch, der Hauptstadt der Provinz, wurde um 1450 der Maler Hieronymus Bosch geboren, dessen Werk bis heute Rätsel aufgibt.

Die Hauptstadt der Provinz Limburg bietet Straßencafés neben Gourmetrestaurants

TOUR IN DER REGION

TOUR 11

HÜGELIGES DREILÄNDERECK

ROUTE: Venlo › Roermond › Thorn › Heerlen › Valkenburg › Maastricht

KARTE: Seite 135
DAUER: 2 Tage (ca. 110 km)
PRAKTISCHER HINWEIS:
• Ein Auto empfiehlt sich. Sa und So verkehrt in Roermond der Gratis-Shopping-Bus, der u. a. das Designer-Outlet ansteuert.

TOUR-START:

Für die Niederländer sind es schon Berge, die sich südlich von Venlo erheben, auch wenn der höchste Hügel am Dreiländereck mit rund 300 m Höhe bescheiden ausfällt. Eindrucksvoller sind die Täler, in die sich malerische Dörfer und prächtige Schlösser schmiegen.

Venlo **8** › S. 142 ist eine moderne Handelsstadt nahe der Grenze. Jedoch ist Roermond **7** › S. 141 ein attraktiveres Ziel zum Shoppen und Besichtigen. Ein Outletcenter und der Puppenstubencharme der Altstadt bieten genügend Programm für den gelungenen Abschluss des ersten Reisetags.

Am zweiten Tag geht es dann nach Thorn **6** › S. 140 mit seinen weiß gekalkten Häuschen und ins Jugendstil-Bergbaustädtchen Heerlen **4** › S. 139. Im Sommer ist Valkenburg **2** › S. 138, die Stadt der Gärten, Schlösser und Grotten, ein trubeliges Ausflugsziel. Dagegen setzt man in der Altstadt Maastricht **1** › S. 135 auf Laisser-faire. Entsprechend lässt man die kleine Reise hier am besten bei einem exquisiten Essen ausklingen.

WICHTIGE ADRESSEN
VVV Limburg
• Kleine Staat 1 | 6211 ED Maastricht
  Tel. 043/325 21 21 | www.vvvlimburg.nl

Brabants Bureau voor Toerisme
• Statenlaan 4 | 5042 RX Tilburg
  Tel. 013/465 67 16 | www.vvvbrabant.nl

Thorn ist ein Highlight im Dreiländereck

UNTERWEGS IM SÜDEN

MAASTRICHT [1] ★ ▮ J15

In der Hauptstadt der Provinz Limburg (122 000 Einw.) ist man stolz darauf, dem typischen Hollandklischee nicht zu entsprechen: keine Tulpenfelder, keine Windmühlen, keine Käselaibe. Dafür pflegt man das barocke Lebensgefühl, gespeist von der katholischen Tradition und der Nähe zu Flandern.

Ob Niederländer, Belgier oder Deutsche, alle flanieren sie gerne durch die lebensfrohe, weltoffene Universitätsstadt an der Maas mit ihren zahlreichen Terrassencafés und ausgezeichneten Restaurants, mit originellen Boutiquen, bunten Märkten und nach Weihrauch duftenden Kirchen.

Die von den Römern gegründete Stadt *Mosae Trajectum* wurde wegen ihrer strategisch günstigen Position häufig belagert. Nach 1621 war die älteste Stadt des Landes auch seine größte Festung. Als 1830 das Königreich Belgien gegründet wurde, lag Maastricht mit einem Federstrich im regionalen Abseits, ihr Dornröschenschlaf endete erst mit der europäischen Gemeinschaft. 1991/1992 wurde durch den Vertrag von Maastricht die EU begründet.

Von den Parkplätzen am Bahnhof kommend geht man über die schmale, siebenbogige **Sint Servaasbrug**, die älteste von fünf Brücken, in die Altstadt. Ein Blick zurück streift den nostalgischen Stadtteil Wijk am Ostufer der Maas,

TOUR IM SÜDEN

TOUR ⑪

HÜGELIGES DREILÄNDERECK

Venlo › Roermond › Thorn › Heerlen › Valkenburg › Maastricht nach Westen weisen die massiven Türme des Doms den Weg ins historische Herz von Maastricht.

Lebendiger Mittelpunkt der Altstadt ist der Platanen bestandene **Vrijthof**, tatsächlich ein einstiger Friedhof. Am letzten Augustwochenende wird auf dem Platz das bekannte Schlemmerfestival Preuvenemint gefeiert › S. 41.

Die **Sint Servaasbasiliek** ist das Wahrzeichen der Stadt. Der Dom, eine romanische Kreuzbasilika, wurde über dem Grab des hl. Servatius (um 1150) errichtet; im Mittelalter war er Sitz der kaiserlichen Kanzel, schließlich ist die Residenzstadt Aachen nicht weit. Neben dem Grabmal Karls von Lothringen ist das prächtige Bergportaal sehenswert. Zu den Prunkstücken der Schatzkammer gehört der Schrein von Servatius, des ersten Bischofs von Maastricht (tgl. 10–18 Uhr).

Auch der auffällige, 68 m hohe rote Turm der gotischen **St. Janskerk** schräg gegenüber prägt den beeindruckenden Hauptplatz (Mai-Okt. Mo-Sa 11–16 Uhr). Im Kapitelhaus **Spaans Gouvernement** aus dem 14. Jh. mit seinem italienisch anmutenden Arkadenhof hat ein Museum mit Kunstgegenständen aus dem 17. und 18. Jh. einen traumhaft schönen Platz gefunden (Vrijthof 18, Mi-So 13–17 Uhr).

Die **Onze-Lieve-Vrouwe-Basiliek,** ehemals ein wichtiger Bestandteil der städtischen Festungsanlagen, wird als die schönste romanische Kreuzbasilika des Landes bezeichnet, trotz ihres mystisch-dunklen Innenraumes. Die ursprüngliche Funktion des Baus mit seinen beiden Treppentürmen an der Westfassade ist noch gut zu erkennen, in der Schatzkammer findet man sakrale Pretiosen (Mai bis Sept. Mo-Sa 11–17, So 13–17 Uhr).

Im Schatten der Kirchen sind viele Bürgerhäuser im Stil der Gotik und der maasländischen Renaissance erhalten, darunter das **Dinghuis** (15. Jh., Kleine Staat 1) und das **Pesthuis** (18. Jh., Vijf Koppen).

Maastrichts bedeutendstes und schon optisch auffälliges Museum, das **Bonnefantenmuseum,** wurde nach Plänen des Stararchitekten Aldo Rossi aus Mailand gebaut. Der futuristische Klinkerbau mit dem zinkgrünen Turm beherbergt archäologische Funde aus Limburg sowie eine bedeutende Gemäldegalerie. Neben Werken alter Meistern finden dort auch innovative Kunstprojekte der Gegenwart einen reizvollen Rahmen (Di-So 11–17 Uhr, www.bonnefanten.nl). Das Museumscafé Ipanema lockt mit feinen Snacks und einem großartigen Blick über die Maas hinüber zur Wohnanlage Stoa, einem modernistischen Klinkerklotz.

Südlich der Altstadt kann man am Waldeckpark das in Jahrhunderten durch Kalk- und Mergelabbau entstandene Grottenlabyrinth im **Sint Pietersberg** besuchen. Einige der über 250 km langen Gänge, die der Bevölkerung auch als Schutz- und Lagerräume dienten, kann man besichtigen (Luikerweg 71, April-Okt. Mo-Sa Führungen 12.30, 14 und 15.30 Uhr, So auch 11 Uhr, www.sintpietersberg.org).

INFO

VVV

Kleine Staat 1
6211 ED Maastricht
Tel. 043/325 21 21
www.vvvmaastricht.nl

HOTELS

Kruisherenhotel €€€

Im ehemaligen Kloster aus dem 15 Jh.
samt seiner gotischen Kirche haben der
Designer Henk Vos und Lichtkünstler Ingo
Maurer einmalige Zimmerkunstwerke eingerichtet.

- Kruisherengang 19–23 | Maastricht
  Tel. 043/329 20 20
  www.chateauhotels.nl

Town House Hotel €€

Neues bereits beliebtes Designhotel beim
Bahnhof, durchgestylte Zimmer mit sehr
guten Betten.

- St. Maartenslaan 5 | Maastricht
  Tel. 043/321 11 11
  www.townhousehotels.nl/de

RESTAURANTS

Beluga Centre Céramique €€€

Das Team von Sternekoch Hans van Wolde
sorgt mit tollen Menü-Variationen und coo-
len Events für Schlagzeilen.

- Plein 1992 | Maastricht
  Tel. 043/321 33 64
  www.rest-beluga.com
  So/Mo geschl.

Château Neercanne €€€

Erstklassiges Gourmetrestaurant im
Schloss, serviert werden französische Kü-
chenkreationen von Hans Snijders.

- Cannerweg 800 | Maastricht
  Tel. 043/325 13 59
  Mo geschl., Sa nur abends.

GRATIS ENTDECKEN

- Bei den **Gratis Lunchkonzerten**
  im Concertgebouw Amsterdam
  ▮ F7 gibt es musikalische Qualität vom Feinsten, in einem der
  besten Konzertsäle der Welt, aber
  ohne teuren Eintritt, denn die
  halbstündigen Konzerte kosten
  nichts! In der Regel mittwochs
  um 12.30 Uhr (außer Juli/Aug.,
  www.concertgebouw.nl).
- Das Dach des 30 m hohen **NEMO
  Science & Technology Museum**
  ist im Juli und August gratis zugänglich, inklusive toller Aussicht
  auf Amsterdam. › S. 50
- Beim **Mosseldag** am 3. Augustsamstag in Yerseke kann man
  die frischen Miesmuscheln probieren, ohne dafür zahlen zu
  müssen. › S. 88
- **Auf den Spuren Jan Vermeers**
  bietet das Vermeer Centrum in
  der Geburtsstadt des Meisters
  kostenlose Führungen zu den
  Stätten seines Lebens und Schaf-
  fens in Delft an (in Niederländisch: Fr 14, So 12, in Englisch:
  So 10.30 Uhr). › S. 96
- Die freien Orgelkonzerte in der
  Grote Kerk St. Bavo von Haarlem
  sind ein Genuss (Mai–Okt. Di
  20.15, Do 16 Uhr). › S. 105
- Den **Natuurpark Lelystad**
  ▮ H6/7, der nicht weit von Amsterdam und der Hauptstadt von
  Felvoland entfernt liegt, können
  Sie erforschen, ohne einen Cent
  bezahlen zu müssen.

Charlemagne €

Das Eetcafé residiert an einem der schönsten Plätze der Stadt.

- Onze-Lieve-Vrouweplein 24
  Maastricht | Tel. 043/321 93 73
  www.cafecharlemagne.nl

SHOPPING

In den schick restaurierten Häusern des Stokstraat-Viertels locken Boutiquen mit aktueller Mode und Accessoires. In der Dominikanerkerkstraat bietet die in eine ehemalige, 800 Jahre alte Kirche integrierte Boekhandel Dominicanen eine gute Auswahl, v. a. englische Literatur.

VALKENBURG
AAN DE GEUL 2 📖 J15

Als einer der bedeutendsten Urlaubsorte des Landes ist das romantische Städtchen (18 000 Einw.) in der Saison recht überlaufen. Bereits 1885 wurde hier das erste Fremdenverkehrsbüro des Landes eröffnet.

Auf dem Fels über der pittoresken Altstadt thront die **Kasteelruine,** der imposante Rest der Wehrburg der Herren von Valkenburg aus dem 12. Jh. (Juli/Aug. tgl. 10–18, sonst bis 17 Uhr; Jan. geschl., www.kasteelvalkenburg.nl).

Sehenswert sind außerdem die **Romeinse Katakomben,** nachgebaute frühchristliche römische Begräbnisstätten (Plenkertstr. 55, Führungen April–Aug. tgl. 11–16, sonst Sa/So 14 Uhr, Tel. 043/601 25 54, www.katakomben.nl), sowie die **Gemeentegrot,** ein künstliches Höhlenlabyrinth mit Lourdesgrotte und See in den weichen Mergelschichten unter der Stadt (Cauberg 4, Tel. 043/601 22 71, www.cave-experience.nl, Führungen Juli/Aug.

Das Hotel Chateau Sint Gerlach erfüllt die hohen Ansprüche seiner Gäste

tgl. 11–16.30, April–Juni und Sept./ Okt. Mo–Fr 11–16, Sa/So 10.45 bis 16.30, Jan.–März und Anfang bis Mitte Nov. Mo–Fr 11–15, Sa/So 11 bis 16 Uhr, 9,25 €).

INFO
VVV
- Theodoor Dorrenplein 5
  6301 DV Valkenburg
  Tel. 09 00/97 98
  www.vvvzuidlimburg.nl

HOTELS
In der Provinz liegen fünf Schlosshotels, die exquisite Arrangements anbieten (www.oostwegelcollection.nl), darunter das

Château Sint Gerlach €€€
Luxuriöses Hotel mit tollem Wellnessbereich inmitten der Schlossgärten im Limburger Hügelgebiet.
- Joseph Corneli Allee 1
  Valkenburg
  Tel. 043/608 88 88

De Burghoeve €€
Familienfreundliches Mittelklassehotel im gemütlichen Landsitz. Einige Zimmer haben kein eigenes Bad. Fahrradfahrer sind willkommen, auch Radverleih.
- De Broekhem 134 | Valkenburg
  Tel. 043/601 29 62
  www.hoteldeburghoeve.nl

RESTAURANT
De Gouden Leeuw €€
Feine klassische holländische Küche, Muschelgerichte und Kindermenüs.
- Grotestraat Centrum 49
  Valkenburg
  Tel. 043/601 25 79
  www.restaurantgoudenleeuw.nl

AUSFLÜGE VON VALKENBURG

Nur wenige Kilometer muss man von Valkenburg nach Süden fahren, um zum **Dreiländerpunkt** **3** ▮ K15 Niederlande–Belgien–Deutschland auf dem Vaalser Berg zu gelangen. Er ist der – zugegeben alpinistisch unspektakuläre – höchste Punkt des flachen Landes mit immerhin 321 m über dem Meeresspiegel! Wer will, kann beim Abstieg seinen Orientierungssinn im riesigen Heckenlabyrinth Drielandenpunt einmal auf die Probe stellen. Doch Vorsicht: Nicht nur Büsche, auch Wasserdüsen versperren den Weg. (Viergrenzenweg 97, 6291 BM Vaals, www.drielandenpunt.nl, April–Okt. tgl. 10–18 Uhr).

Nordwestlich von Valkenburg nahe Heerlen gibt es weitere attraktive Ziele: Der Landschaftspark **Wereldtuinen Mondo Verde** bei Landgraaf begeistert mit einer Mischung aus Skulpturenpark, Tiergarten und Pflanzenschau (Groene Wereld 10, Tel. 045/535 01 61, www.wereldtuinenmondoverde.nl, April–Okt. tgl. 10–18 Uhr, 25 €, Nov. bis März Mo–Sa 11–15, So 10 bis 17 Uhr, 22,50 €). Das **Kasteel Hoensbroek** ist die größte Wasserburg zwischen Rhein und Maas. Ihre ältesten Bauteile stammen aus dem 14. Jh., ein Großteil des Komplexes entstand jedoch im 17. Jh. Mehr als 50 kostbar möblierte Räume im Haupttrakt sind zugänglich (www.kasteelhoensbroek.nl, tgl. 10 bis 17.30 Uhr, 11,25 €).

HEERLEN 4 🎒 J15

Die Bergarbeiterstadt (88 000 Einw.) mit den schicken Jugendstilhäusern im Zentrum hat die Schließung der Limburger Kohlengruben gut bewältigt. Am Stadtrand liegen Antike und Moderne dicht beieinander. So sind die überdachten Badeanlagen, die im **Thermenmuseum** zu besichtigen sind, ein einzigartiges Relikt aus der Römerzeit (Coriovallumstraat 9, Di–Fr 10–17, Sa/So 12–17 Uhr, 9,25 €, www.thermen museum.nl). Gegenüber erhebt sich das moderne Rathaus mit der städtischen Galerie **Schunck Glaspaleis** (Bongerd 18, Di–Sa 9–20, So 11–17 Uhr, 6 €, www.schunck.nl).

INFO
VVV
- Bongerd 19 | 6411 LH Heerlen
  Tel. 09 00/97 98
  www.vvvzuidlimburg.nl

SITTARD 5 🎒 J14

Erste Siedlungsspuren der grenznahen Festungs- und späteren Handelsstadt (36 000 Einw.) reichen zurück bis zu den Bandkeramikern. Heutzutage macht es einfach Spaß, durch die pittoresken Gassen zu bummeln und sich vom Flair früherer Zeiten verzaubern zu lassen. Es geht vorbei an gut erhaltenen Stadtmauern, schmucken Giebeln und Kirchen sowie über hübsche Plätze. Sehenswert ist die spätgotische **St. Petruskerk** (Kerkplein), deren Chorgestühl (15. Jh.) mit filigranen Schnitzfiguren geschmückt ist.

THORN 6 🎒 J13

Die Vielzahl der kleinen weißen Häuser entlang der kopfsteingepflasterten Gassen brachten dem gemütlichen Ort seinen Beinamen »weiße Stadt« ein.

Aus der Vergangenheit der Abdijkerk und ihres Klosters gibt es eine Reihe pikanter Histörchen: Einst befand sich hier eine souveräne Abtei des »Heiligen Römischen Reiches Deutscher Nation«. Die Töchter europäischer Fürsten brachten sich selbst und ihre Mitgift ein, lebten frei von anderswo üblichen klösterlichen Zwängen und betrachteten die kirchliche Einrichtung als eine Art Heiratsinstitut.

Nicht nur Thorn selbst, sondern auch die sanfte Landschaft ringsherum bieten sich für einen Aufenthalt an. Die krummen Wege zwischen Pappelwäldchen und Kopfweiden sind bestens für längere Fahrradtouren geeignet.

INFO
VVV
- Wijngaard 8
  6017 AG Thorn
  Tel. 04 75/56 10 85
  www.vvvmiddenlimburg.nl

HOTEL
La Ville Blanche €€
Angenehmes Hotel mit gemütlichen, charmant eingerichteten Zimmern, außerdem Terrassencafé und Restaurant.
- Hoogstraat 2
  Thorn
  Tel. 04 75/56 23 41
  www.hotellavilleblanche.nl

ROERMOND 7 📖 J13

Malerisch strebt die Silhouette von Roermond (57 000 Einw.) gen Himmel. Das geistliche Zentrum der katholischen Provinz Limburg litt im Zweiten Weltkrieg, doch einige Zeugnisse aus der etwa 750-jährigen Kulturgeschichte sind in gutem Zustand erhalten oder restauriert.

Die **Onze-Lieve-Vrouwe-Munsterkerk** stellt ein herausragendes Beispiel der romanisch-gotischen Baukunst im Kulturraum Rhein-Maas dar. Aber die vier Türme des schlichten Zisterzienserbaus ergänzte erst der in Roermond geborene Stararchitekt des 19. Jh. P. J. H. Cuypers. Stilistisch erinnern sie an die der Dome von Trier und Speyer. Weit und licht wirkt das Innere. Die Seitenschiffe tragen Emporen, die Bogen stützen sich auf romanische Kapitelle. Zum Interieur gehört ein beeindruckend schöner Brabanter Schnitzaltar. Unter der Kuppel stehen die Sarkophage von Graf Gerard III. und Margaretha von Brabant (Munsterplein, April–Okt. So–Fr 10–17, Sa 10–16 Uhr). Cuypers' Musikpavillon neben der Kirche wird für Konzerte genutzt.

Am Markt stehen das **Stadhuis** mit mittelalterlichem Kellergewölbe und Glockenspiel sowie die im 15. Jh. erbaute **St. Christoffelkathedraal.** Wertvollster Schmuck im Innern ist ein Sakramentaltar im Renaissancestil. Aber auch die Kanzel (18. Jh.) sowie die Epitaphien der Roermonder Bischöfe sind bemerkenswert (Grote Kerkstraat, April–Okt. tgl. 14–17 Uhr).

Immer wieder fallen beim Stadtbummel die in Nischen platzierten Figuren von Brunnenheiligen auf, die früher oberhalb der Wasserpumpen aufgestellt wurden. Noch heute tragen sie als Zeichen der Verehrung frischen Blumenschmuck.

INFO

VVV
- Markt 17 | 6041 EG Roermond
  Tel. 04 75/33 58 47
  www.vvvroermond.nl

HOTEL

Roermond €€
Einfaches, freundlich geführtes Haus mit 50 Zimmern und angeschlossenem Eetcafé Het Roerpotje am belebten Bahnhofsplatz; nicht leise, aber gute Fenster.
- Stationsplein 9/13
  Roermond
  Tel. 04 75/31 65 48
  www.hotelroermond.nl

RESTAURANTS

Kasteeltje Hattem €€€
Schlossrestaurant mit exquisiter französischer Küche.
- Maastrichterweg 25 | Roermond
  Tel. 04 75/31 92 22
  www.kasteeltjehattem.com
  So geschl.

Brasserie Entree €€
Landestypisches Eetcafé mit feiner Auswahl an kleineren Gerichten (Pfannkuchen und hausgemachte Pasteten).
- Markt 20
  Roermond
  Tel. 04 75/33 01 55
  www.brasserieentreeroermond.nl
  Di/Mi geschl.

SHOPPING

Für Naschkatzen bieten die Konditoreien der Stadt Roermonder Boomstammetjes, Feingebäck mit zarter Trüffelfüllung und Schokoladenüberzug, sowie die schaumigen Christoffeltaartjes mit Mokka und Schokolade an.

Designer Outlet Roermond

In über 100 Läden findet man Kollektionen namhafter Labels zu attraktiven Preisen.

• Stadsweide 2 | Roermond
  www.designer-outlet-roermond.com

VENLO 8 🏛 K12

Einst Festungsstadt, wurde der Verkehrsknotenpunkt im Zweiten Weltkrieg schwer bombardiert. Die heutige Stadt (101 000 Einw.) wird gern von Rheinländern besucht, die hier

---

💬 BOOTSTOUREN

Am Smallehaven von 's-Hertogenbosch legen von Mai bis September täglich Ausflugsboote ab, die malerische Ziele entlang der Binnendieze ansteuern. Gemütlich kann man so Heusden › S. 145, das schmucke Woudrichem und die Festungsstadt Zaltbommel an der Waal erkunden.

• **Rederij Wolthuis**
  Leunweg 17
  's-Hertogenbosch
  Tel. 073/631 20 48
  www.rederijwolthuis.nl und
• **Stichting Binnendieze,**
  Tel. 09 00/202 01 78
  www.binnendieze.nl

---

hervorragendes Gemüse von den Großbauern der Region kaufen. Sehenswert sind das 1601 im Renaissancestil erbaute **Stadhuis** am Markt sowie die 1411 fertiggestellte **St. Martinuskerk** (Grote Kerkstraat 28) mit schönem Chorgestühl.

Hotel

Hotel Puur €€–€€€

30 Zimmer in reduziertem Schick von kuschelig bis maritim, Luxusapartments mit Eichendielen, Events im Kochstudio und ein vielgelobtes Restaurant machen das Puur zum beliebten Treff.

• Parade 7a | 5911 CA Venlo
  Tel. 077/351 57 90
  www.hotelpuur.nl

RESTAURANT

Valuas €€

Brasserie mit ausgezeichneter internationaler Küche.

• St. Urbanusweg 11 | Venlo
  Tel. 077/354 11 41
  www.valuas-hr.nl
  So geschl.

AUSFLÜGE VON VENLO

Nicht nur optisch eine Pracht sind die Parkanlagen des nördlich von Venlo gelegenen Wasserschlosses **Arcen** 9 🏛 K12 (17. Jh.), die Kasteeltuinen. Auf 32 ha blühen im Frühsommer rund 20 000 Rosen, grünen 150 000 botanische Schätze, sprießen mehr als eine Million Zwiebelgewächse. Einige thematische Mustergärten, darunter eine asiatisch inspirierte Landschaft, können ebenso besichtigt werden wie der moderne Glasbau Casa Verde, in dem eine Vielzahl subtropischer Pflanzen gedeiht. Im Schloss finden wechselnde Ausstellungen statt (Lingsforterweg 26, Tel. 077/473 60 10, www.kasteeltuinen.nl, April–Okt. tgl. 10–18 Uhr, 17 €).

Wer gar nicht genug von der Pflanzenpracht bekommen kann, sollte auch das hübsche Rosendorf **Lottum** 10 ◼ K12 nördlich von Arcen besuchen: Prächtige Züchtungen, informative Gartentouren und ein verführerischer Shop sind die Trümpfe im Rosarium Lottum (Broekhuizerweg 55, www.rosariumlottum.com, Mo–Fr 8–18, Sa 8–17 Uhr).

Westlich von Venlo lohnt im hübschen Ort **Horst** 11 ◼ J12 das originelle **Nationaal Asperge- en Champignonmuseum** einen Besuch. Hier dreht sich alles um Spargel und Pilzkulturen (Koppertweg 5, www.delocht.nl, April–Okt. tgl. 11–17 Uhr, sonst nur Sa/So, 8 €). Wem das nicht reicht, der kann auch noch das nahe gelegene **Erdbeerenmuseum** samt Feld zum Selbstpflücken ansteuern (Kreuzelweg 3, www.aardbeienland.nl, April–Aug. Di–So 11–17 Uhr; Pflücken: Juni–Aug. Di–So 13.30 bis 15.30 Uhr).

Westlich von Venlo bieten sich die Moorgebiete **Marienveen, Helena Peel** sowie die südwestlich anschließende Hochmoorlandschaft des **Nationalparks Groote Peel** 12 ★ ◼ J12/13 mit einem weiten Netz an Wanderwegen entlang von Entwässerungskanälen für ausgedehnte Spaziergänge und Touren zur Vogelbeobachtung an.

Door & Roos €

Liebevoll individuell eingerichtetes B & B im ehemaligen Postgebäude, mit elegantem Tee- und Kaffeesalon, gemütlicher Terrasse und – natürlich – mit einem duftenden Rosengarten.

• Markt 16 | 5973 NR Lottum
  Tel. 077/850 18 84
  www.doorenroos.com

EINDHOVEN 13 ◼ H12

Die durch die Philips-Glühlampenfabrik bekannt gewordene Industriestadt (230 000 Einw.) investiert nicht nur in Infrastruktur, sondern auch in Kunst und Kultur. So schmückt sich das **Stedelijk van Abbemuseum** mit einer beachtlichen Sammlung moderner Meister wie Picasso und Chagall (Bilderdijklaan 10, Tel. 040/238 10 00, Di–So 11–17 Uhr, 12 €, www.vanabbemuseum.nl).

Im **Historisch Openluchtmuseum** wurde ein steinzeitliches Dorf nachgebaut, in dem jeden Sonntag Freiwillige ein Leben als Steinzeitmenschen proben, allerdings ohne auf Mammutjagd zu gehen (Boutenslaan 161b, Tel. 040/252 22 81, April–Okt. tgl. 11–17 Uhr, 9,75 €, www.prehistorischdorp.nl).

Das **Philips Museum** erzählt die Geschichte des Elektrogiganten von der kleinen Glühmittelfabrik, die Gerard Philips 1891 gründete, bis hin zur heute weltweit operierenden Konzerngruppe (Emmasingel 31, Di–So 11–17 Uhr, 9 €, Führungen buchbar unter Tel. 040/235 90 30, www.philips-museum.com).

Jeweils im September erinnert die **Lichtjesroute** drei Wochen lang mit nächtlichen Lichtinstallationen an die Befreiung der Stadt von der deutschen Besatzung im Zweiten Weltkrieg durch die Alliierten 1944 (www.lichtjesroute.org).

Best Western Eindhoven €€
Gediegenes Businesshotel mit gepflegtem Restaurant und großem Parkplatz.
• Leenderweg 80 | 5615 AB Eindhoven
  Tel. 040/212 10 12 | www.bestwestern.nl

NUENEN 14 🔖 H12

Vor allem die Verehrer von Vincent van Gogh kommen in den Ort nördlich von Eindhoven. Der Maler lebte von 1883 bis 1885 im Pfarrhaus von Nuenen, wo sein Vater als Prediger arbeitete. Hier entstand u. a. sein berühmtes Bild »Die Kartoffelesser«. Das **Vincentre** informiert über die frühe Schaffensphase des später als eigenwillig bekannten Malers Van Gogh (Berg 29, Di bis So 10–17 Uhr, 7,50 €, www.vangogh villagenuenen.nl).

'S-HERTOGEN-BOSCH 15 ⭐ 🔖 G11

»Den Bosch« (154 000 Einw.) entstand im Frühmittelalter um ein Kastell und erhielt 1185 die Stadtrechte. Mit Hieronymus Bosch (um 1450–1516) ging der Name seiner verwinkelten Heimatstadt am Herzogenwald in die Kunstwelt ein, doch trifft man hier kaum auf Spuren des malenden Visionärs. Zwei ihm zugeschriebene Türbilder befinden sich in der fünfschiffigen **Sint Janskathedraal**, die zu den schönsten Sakralbauten der Brabanter Gotik zählt. Das Gewölbe des prachtvollen Innenraums tragen 150 Pfeilerbündel. Beachtung verdienen ferner die Taufkapelle, das Chorgestühl sowie die reichen Ornamente an den Portalen und Fassaden (Juni–Sept. tgl. 9–17 Uhr).

Weitere Sehenswürdigkeiten sind das **Stadhuis** (Markt) mit seinem klassizistischen Giebel, der prächtigen Eingangshalle, dem Ratssaal und den gotischen Kellergewölben sowie das elegante **Zwanenbroedershuis** (Hinthamerstraat 94), einst Sitz einer angesehenen religiösen Bruderschaft. Das moderne **Provinciehuis** schmückt sich mit einer Dauerausstellung von Skulpturen und Wandteppichen zeitgenössischer niederländischer Künstler (Mo–Fr 9–17 Uhr).

VVV
• Markt 77 | 5211 JX 's-Hertogenbosch
  Tel. 073/612 71 70
  www.vvvdenbosch.nl

Mövenpick Hotel €€
Aufmerksam geführtes Hotel mit großzügigen Zimmern, Sauna und Fahrradverleih in einem Standard-Zweckbau an einem kleinen See.
• Pettelaarpark 90
  's-Hertogenbosch
  Tel. 073/687 46 74
  www.moevenpick-denbosch.com

Campanile Den Bosch €€

Gepflegtes Hotel mit kleinen Zimmern und Lokal, 6 km nördlich des Zentrums.

- Goudsbloemvallei 21–25
  's-Hertogenbosch | Tel. 073/642 25 25
  www.campanile-s-hertogenbosch.nl

Visch €–€€

Fischgeschäft mit angeschlossenem Lokal, sehr leckere Meeresfrüchte und Fischplatten in geselliger Atmosphäre.

- Kolperstraat 14 | 's-Hertogenbosch
  Tel. 073/690 72 28 | www.vischzaak.nl
  abends und Mo geschl.

HERZ VON BRABANT

Ausgedehnte Heideflächen, Wälder sowie malerische Festungsstädtchen und der Familienfreizeitpark De Efteling (Europalaan 1, 5171 KW Kaatsheuvel, tgl. 9–18 Uhr, www.efteling.nl) machen die Region nördlich von Tilburg attraktiv: In **Heusden** 16 ▮ G11 faszinieren ein Ensemble von rund 400 Häusern aus dem 16./17. Jh. und die vorbildlich restaurierte Festung.

Der idyllische Charakter trug **Oisterwijk** 17 ▮ G11 (19 000 Einw.) den Titel »Perle von Brabant« ein. Den offiziellen Namen verdankt der Ort seiner Lage nördlich eines 600 ha großen Heide- und Waldgebiets, dem Naturschutzpark **Oisterwijkse Vennen**. Die hiesigen Moorseen sind beliebte Erholungsgebiete. Viele Informationen und eine Ausstellung gibt es in dem modernen Bezoekerscentrum (Van Tienhovenlaan 5, 5062 SK Oisterwijk, April–Okt. Di–So 10–17 Uhr, sonst 10–16 Uhr, Tel. 013/ 523 18 00).

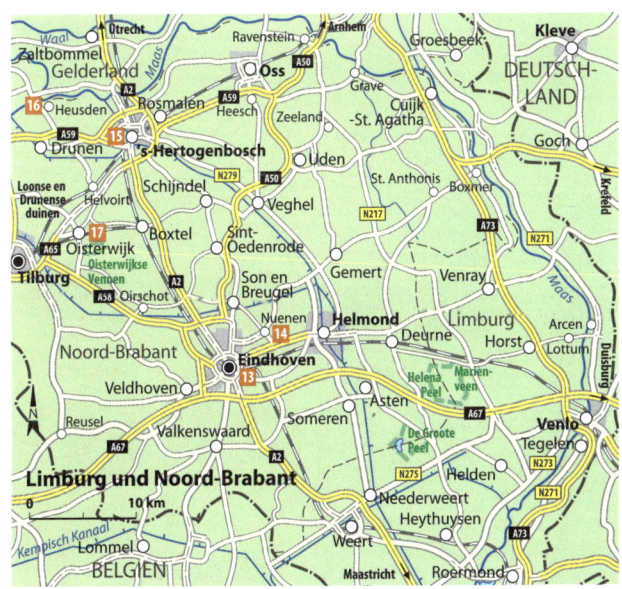

Limburg und Noord-Brabant

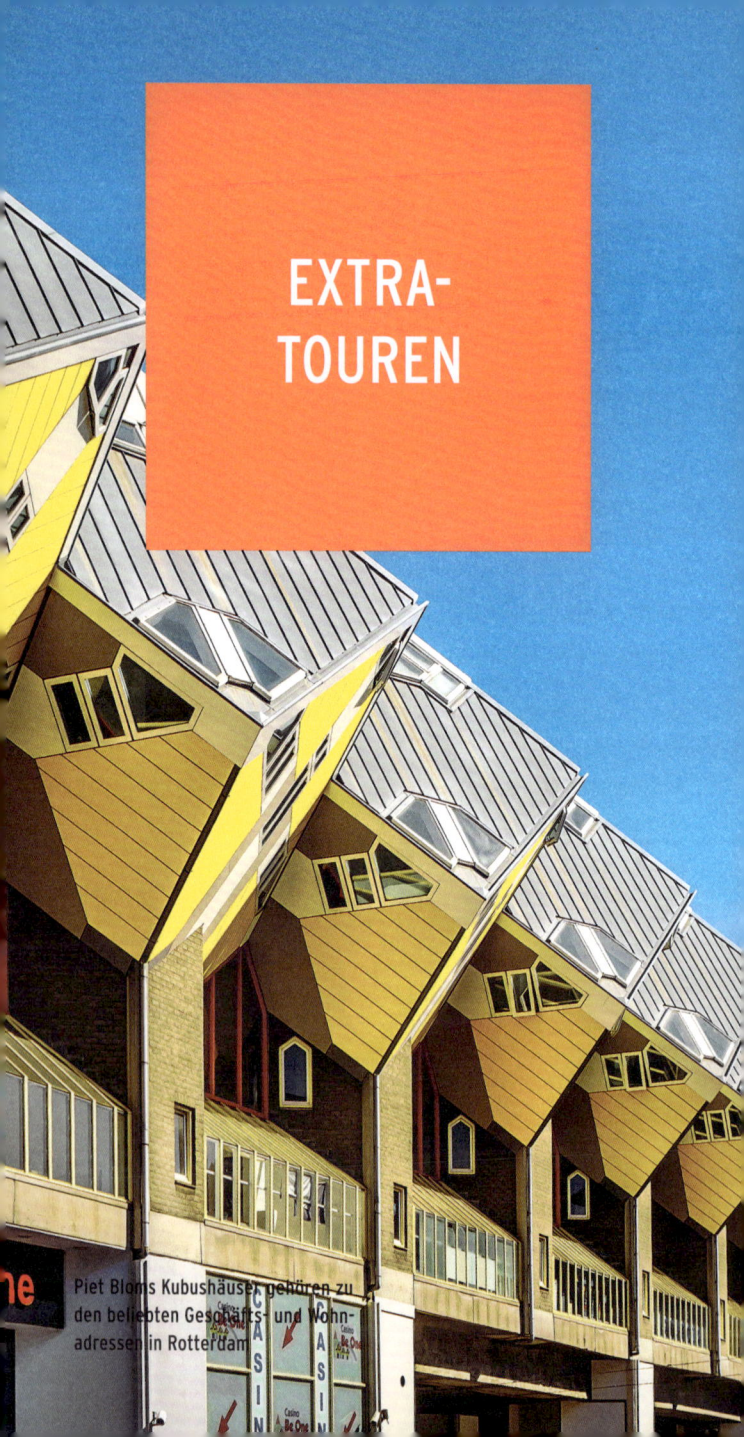

EXTRA-
TOUREN

Piet Bloms Kubushäuser gehören zu
den beliebten Geschäfts- und Wohn-
adressen in Rotterdam

ENTDECKERWOCHE AN DER NORDSEEKÜSTE

ROUTE: Bergen op Zoom › Vlissingen › Middelburg › Zierikzee › Delft › Den Haag ›
Keukenhof › Haarlem › Wijk aan Zee › Bergen › Den Helder › Texel ›
Harlingen › Leeuwarden › Groningen

KARTE: Klappe hinten
DISTANZEN: **Bergen op Zoom** › **Middelburg** 72 km; **Middelburg** › **Zierikzee** 26 km;
Zierikzee › **Delft** 50 km; **Delft** › **Den Haag** 10 km; **Den Haag** › **Haarlem** 48 km;
Haarlem › **Den Helder** 80 km; **Den Helder** › **Leeuwarden** 93 km;
Leeuwarden › **Groningen** 58 km
VERKEHRSMITTEL: Für diese Tour braucht man ein Auto, denn das Bahn- und Bus-
netz v. a. in Zeeland und Friesland ist lückenhaft. Auf Texel und Vlieland kann man
überall Fahrräder leihen. Fähren zu den Watteninseln fahren ab Den Helder und
Harlingen › S. 73.

Freizeitspaß auf dem Wasser bestimmt das Sommerleben in **Bergen op
Zoom** › S. 84, wo diese Tour entlang der Nordseeküste mit einem Besuch des
Rheindeltas beginnt. Im Hafen von **Vlissingen** › S. 85 auf der Insel Zuid-
Beveland flanieren die Matrosen der Königlich-Niederländischen Marine,
während in **Middelburg** › S. 86 ein Hauch von Mittelalter durch die Gassen
weht. Hier übernachtet man.

Für technisch Interessierte lohnt sich am zweiten Reisetag eine Fahrt
über das Sturmflutwehr der Oosterschelde mit Besuch der **Delta Expo**
› S. 89, die das Wasserbauprojekt Deltaplan erläutert, bevor man sich im Festungsstädtchen **Zierikzee** › S. 88 auf der Insel Schouwen Duiveland ein
zweites Frühstück mit Blick auf historische Fassaden gönnt. Auf der N57 in
Richtung Norden folgt man dem Verlauf der Nordseeküste bis nach **Delft**
› S. 95, der Stadt der Fayencen. Wie in einem Freilichtmuseum kann man
zwischen der Gracht Oude Delft und dem Marktplatz herumspazieren und
einen typisch holländischen Abend mit guter Hausmannskost und einem
kühlen *Bierje* genießen.

Der dritte Tag steht im Zeichen von Macht und Pracht: In **Den Haag**
› S. 97 tagen die Regierung der Niederlande und der Europäische Gerichtshof. Außerdem lohnt die weltberühmte Gemäldesammlung im Mauritshuis
einen Besuch. Am Nachmittag erkundet man die altehrwürdige Universitätsstadt **Leiden** › S. 99. Im Frühjahr solte man die Blütenpracht im **Keuken-**

hof › S. 101 auf keinen Fall versäumen. Ein gemütliches Quartier findet sich bestimmt in **Haarlem** › S. 104. Ein Bummel durch das malerische Zentrum ist ein schöner Abschluss dieses abwechslungsreichen Tages.

Entlang der Nordseeküste passiert man am vierten Reisetag das **Noord-hollands Duinreservaat** › S. 106. Immer wieder bieten sich Abstecher in nostalgische Seebäder wie **Wijk aan Zee** › S. 106 oder **Bergen** › S. 107 an, bevor man in Den Helder die Fähre nach **Texel** › S. 73 nimmt (Abfahrt alle halbe Stunde, Dauer 20 Min.).

Zeit für einen Ruhetag: Auf Texel, der größten der fünf niederländischen Inseln im Watt, erreicht man das Informationszentrum Ecomare oder die Dörfer im Nordosten umweltfreundlich mit dem Mietfahrrad.

Am sechsten Reisetag geht es zunächst mit der Fähre zurück nach Den Helder. Anschließend fährt man über den **Afsluitdijk** › S. 108, den gewaltigen Schleusendamm, der das IJsselmeer von der Nordsee abtrennt. In **Harlingen** › S. 66 begeistern die schmucken Fassaden der Handelshäuser, in **Franeker** › S. 66 das kuriose Planetarium Eise Eisinga. Als Nachtquartier bietet sich eines der Hotels im stimmungsvollen **Leeuwarden** › S. 65 an.

Frieslands ländliches Idyll um das **Vogelschutzgebiet Lauwersmeer** › S. 64 und die **Seehundstation Pieterburen** › S. 64 prägt den letzten Reisetag auf dem Weg nach **Groningen** › S. 61. Avantgardistische Gebäude wie das Groninger Museum stehen in reizvollem Kontrast zum Postkartenidyll der Grachten – und nachts sorgen die Studenten für Trubel.

TOUR
13

EINE WOCHE HANSEPRACHT UND HOHE KUNST

ROUTE: Amsterdam › Haarlem › Den Haag › Rotterdam › Utrecht › Zutphen ›
Deventer › Zwolle › Kampen

KARTE: Klappe hinten
DISTANZEN: Amsterdam › Haarlem 21 km; **Haarlem › Den Haag** 50 km; **Den Haag ›
Rotterdam** 27 km; **Rotterdam › Utrecht** 67 km; **Utrecht › Zutphen** 87 km;
Zutphen › Deventer 18 km; **Deventer › Zwolle** 35 km; **Zwolle › Kampen** 48 km
VERKEHRSMITTEL: Die Bahn ist eine günstige und praktische Alternative zum
Auto. Mit der 5-Dagkaart kann man die Verbindungen zwischen den Städten (meist
alle 30 Min.) an fünf Folgetagen beliebig oft nutzen. Informationen bei der Deutschen Bahn und unter www.ns.nl. In Amsterdam bietet sich die I amsterdam City
Card an › S. 54.

Erste Adresse für einen Kurzurlaub im Zeichen von Kunst und Kultur ist die Hauptstadt **Amsterdam** › S. 46. Zwei Tage muss man einplanen, um wenigstens das Rijksmuseum, das Stedelijk Museum und das Van-Gogh-Museum zu besuchen. Spaziergänge durch die Gassen des Jordaan, die modernen Wohnwelten im Oostelijke Havengebied und die Shoppingmeile Kalverstraat sowie eine Grachtenrundfahrt runden das Stadterlebnis ab.

Am Morgen des dritten Tages erreicht man in knapp 30 Minuten die Kunststadt **Haarlem** › S. 104 mit St. Bavokerk und Frans-Hals-Museum. Am Nachmittag ist Zeit für einen Bummel durch **Den Haag** › S. 97, den Regierungssitz und der weltberühmten Gemäldesammlung im Mauritshuis.

Tag vier vergeht schnell im multikulturellen **Rotterdam** › S. 92, wo große Vergangenheit auf hypermoderne Architektur trifft. Mittendrin wartet der Museumspark mit Kunsthal und Museum Bojmans van Beuningen.

Kurz ist die Fahrt nach **Utrecht** › S. 129 am fünften Tag. Grachten, alte Kirchen, das Centraal Museum und das funktional-elegante Rietveld-Schröder-Huis sorgen hier für ein abwechslungreiches Programm.

Wie Perlen reihen sich am sechsten Reisetag kleine Hansestädte mit gediegenen Backsteinbauten und originellen Geschäften am Fluss IJssel auf: Die prächtige St. Walburgskerk lockt nach **Zutphen** › S. 121, schmucke historische Fassaden nach **Deventer** › S. 124. Das Tagesziel **Zwolle** › S. 125 wird vom mächtigen Turm der Onze-Lieve-Vrouwe-Basilik überragt.

Zuletzt erkundet man die reiche Hansestadt **Kampen** › S. 126, die von der Nähe zum IJsselmeer profitiert. Das gotische Rathaus, die Nikolaaskerk und die köstlichen Heringe sprechen dafür, noch ein wenig länger zu bleiben …

VIER TAGE VOLLER BLÜHENDER ATTRAKTIONEN

ROUTE: Amsterdam › Keukenhof › Apeldoorn › Arnhem › Appeltern › Lottum › Vaals › Maastricht

KARTE: Klappe hinten
DISTANZEN: **Amsterdam** › **Keukenhof** 26 km; **Keukenhof** › **Apeldoorn** 125 km; **Apeldoorn** › **Arnhem** 30 km; **Arnhem** › **Appeltern** 40 km; **Appeltern** › **Lottum** 75 km; **Lottum** › **Vaals** 105 km; **Vaals** › **Maastricht** 37 km
VERKEHRSMITTEL: Da die schönsten Grünanlagen abseits der großen Ballungszentren liegen, ist für diese Tour ein eigenes Fahrzeug unverzichtbar. Leihfahrräder gibt es bei den Touristinfos in Lisse, Apeldoorn, Arnhem und Maastricht.

Der späte Frühling ist der ideale Reisetermin für diese Tour. Dank ehrgeiziger Gärtner und einfallsreicher Landschaftsdesigner kann man aber auch im Sommer und Herbst viele prächtig blühende botanische Überraschungen erleben; der Keukenhof ist dann allerdings geschlossen. Die Führungen auf dem Landgut De Wiersse bei Arnhem finden nur von April bis Oktober donnerstags und am ersten Samstag im Monat statt – wer dorthin will, muss entsprechend planen.

Von **Amsterdam** › S. 46 führt eine kurze Autofahrt zum **Keukenhof** › S. 101, dem klassischen Tulpenparadies bei Lisse. Es öffnet seine Tore von Mitte März bis Mitte Mai. Auch die weltgrößte Lilienschau und viele andere Veranstaltungen locken in dieser Zeit Hunderttausende auf das Gelände. Etwas ruhiger gestaltet sich eine nachmittägliche Fahrradtour auf der Bollenstreek zwischen Hillegom und **Leiden** › S. 99, durch das weltgrößte geschlossene Anbaugebiet für Zierblumen. Nach einer Übernachtung in **Apeldoorn** › S. 122 steht ein Besuch der königlichen Sommerresidenz, des Palais Het Loo mit seinen barocken Gärten, auf dem Programm, bevor man Richtung **Arnhem** › S. 120 weiterreist, um die »grünen Zimmer« der Parkanlagen um das nahgelegene Wasserschloss **Middachten** › S. 121 zu bewundern.

Am Vormittag des dritten Reisetages lohnt eine Führung durch den wilden Landschaftsgarten des Gutes **De Wiersse** › S. 122, bevor man durch Waldgebiet der Veluwe gen Süden fährt. Ziel ist das Gartendorf **Appeltern** › S. 120, in dem Gartendesigner und Fachhändler zeigen, wie man blühende Miniparadiese schafft. In Rosen gebettet kann man in **Lottum** › S. 143 übernachten, wo alljährlich neue Züchtungen präsentiert werden, Tausende

Strandrestaurant in Bergen aan Zee

Strauchrosen blühen und Hunderte Stammrosen verkauft werden. Dort beginnt der vierte Reisetag mit einem Bummel durch das Rosarium und endet mit der fröhlichen Suche nach dem Ausgang aus dem großen Heckenlabyrinth von **Vaals** › S. 139, direkt im Dreiländereck von Deutschland, Belgien und den Niederlanden. Krönender Abschluss ist ein Gourmetdinner in der Provinzhauptstadt **Maastricht** › S. 135.

EIN LANGES WOCHENENDE AUF DER ORANIERROUTE

> **ROUTE:** Amsterdam › Delft › Breda › Buren › Apeldoorn › Leeuwarden
>
> **KARTE:** Klappe hinten
> **DISTANZEN:** **Amsterdam** › **Delft** 70 km; **Delft** › **Breda** 66 km; **Breda** › **Buren** 70 km; **Buren** › **Apeldoorn** 80 km; **Apeldoorn** › **Leeuwarden** 130 km
> **VERKEHRSMITTEL:** Mit dem Auto ist man flexibel unterwegs. Die Tour ist auch mit Bahn und Bus machbar, allerdings sollte man dann mindestens 4 Tage einplanen.

Seit dem 16. Jh. prägt das Adelshaus Oranien-Nassau die Geschichte der Niederlande. Sein Ursprung liegt jedoch in Hessen. Die gut ausgeschilderte Oranierroute verbindet auf 2400 km historisch bedeutende Städte zwischen Amsterdam, Berlin und Nassau.

Dieser Tourvorschlag orientiert sich an den niederländischen Wirkungsstätten des Hauses Oranje: In der Nieuwe Kerk von **Amsterdam** › S. 46 werden seit 1814 die Könige der Niederlande inthronisiert. Exkönigin Beatrix heiratete 1966 in der Westerkerk, König Willem Alexander, der 2013 den Thron bestieg, feierte seine Hochzeit 2002 im Koninklijk Paleis am Dam.

Ihre letzte Ruhestätte finden die Oranier im Grabkeller der Nieuwe Kerk von **Delft** › S. 95, die man am zweiten Reisetag besuchen sollte, ebenso wie den Prinsenhof, im 16. Jh. Residenz Wilhelm von Oraniens, und die historische Porzellanfabrik Porceleyne Fles. In **Breda** › S. 90 findet man in der Grote Kerk die prächtigen Grabmale der Nassauer Grafen und in der kleinen Festungsstadt **Buren** › S. 120 das Museum Buren & Oranje. Ein abendlicher Bummel durch **Apeldoorn** › S. 122 stimmt ein auf den Besuch des Palais Het Loo mit seinem prachtigen Barockgarten am dritten Reisetag. Nachmittags fährt man durch das flache Friesland zur ehemaligen Hofresidenz der Oranier, nach **Leeuwarden** › S. 65. Dort endet die Tour mit einem Spaziergang zum Stadhouderlik Hof, zum Princessehof und zur Grote Kerk.

INFOS VON A–Z

ÄRZTLICHE VERSORGUNG

Zwischen den Niederlanden, den EU-Ländern und der Schweiz besteht ein Sozialversicherungsabkommen, sodass die Europäische Krankenversichertenkarte den Versicherungsschutz garantiert. Wird sie nicht akzeptiert, muss man die Behandlung oder Medikamente zwar vor Ort bezahlen, aber gegen Quittung erhält man im Allgemeinen die Kosten bzw. einen Anteil von seiner Krankenkasse erstattet.

Apotheken sind Mo–Fr 9–17 Uhr geöffnet; Notdienste veröffentlicht.

BARRIEREFREIES REISEN

Die meisten öffentlichen Einrichtungen und Museen sind behindertengerecht gebaut oder umgebaut. Der niederländische Automobilklub ANWB vertreibt den Reiswijzer voor Gehandicapten, eine Broschüre mit wertvollen Informationen, leider nur auf Holländisch.

Körperbehinderte Reisende veröffentlichen ihre Erfahrungsberichte im Internet auf der Schweizer Website www.misinfothek.ch.

Die offizielle Tourismusseite der Niederlande informiert Touristen mit Handicap unter: www.holland.com/de/tourist/artikel/barrierefreies-reisen.htm.

DIPLOMATISCHE VERTRETUNGEN

- **Deutsche Botschaft**
  Groot Hertoginnelaan 18–20,
  2517 EG Den Haag
  Tel. 070/342 06 00,
  www.den-haag.diplo.de
- **Deutsches Generalkonsulat**
  Honthorststraar 36–38,
  1071 DG Amsterdam
  Tel. 020/574 77 00
- **Österreichische Botschaft**
  Van Alkemadelaan 342,
  2597 AS Den Haag

Tel. 070/324 54 70,
www.bmeia.gv.at
- **Österreichisches Honorargeneralkonsulat**
  Prins Hendriklaan 19,
  1075 AZ Amsterdam
  Tel. 020/471 24 38
- **Schweizer Botschaft**
  Lange Voorhout 42
  2514 EE Den Haag,
  Tel. 070/364 28 31,
  www.eda.admin.ch/denhaag
- **Schweizerisches Konsulat**
  De Lairessestr. 97
  1071 NX Amsterdam
  Tel. 020/717 34 16

DROGENPOLITIK

Noch sind die Niederlande eines der wenigen Länder, die den privaten Konsum von weichen Drogen wie Haschisch und Marihuana weitgehend tolerieren. Die etwa 1500 Koffieshops können diese in kleinen Mengen verkaufen. Ausländer müssen nach Auskunft des Justizministeriums damit rechnen, jederzeit kontrolliert zu werden.

EINREISE

Reisende aus Deutschland, Österreich und der Schweiz müssen sich ausweisen. Anerkannt werden Reisepass, Personalausweis und Führerschein.

FEIERTAGE

Offizielle Feiertage sind: 1. Januar (Neujahr), Ostern und Pfingsten (jeweils So/Mo), 30. April (Königstag), 5. Mai (Befreiungstag), Christi Himmelfahrt, 1. und 2. Weihnachtstag.

GELD

Die Niederlande gehören zur Eurozone der EU. Zahlung mit EC- oder Kreditkarte ist fast überall möglich. Die meisten Banken verfügen über Geldautomaten.

HAUSTIERE
Für Hunde und Katzen muss der EU-Heimtierausweis mitgeführt werden, der bei Tierärzten erhältlich ist.

INFORMATION
In den niederländischen Ferienregionen bieten die Fremdenverkehrsbüros (VVV, Vereniging voor Vremdelingenverkeer) eine Fülle von Informationsmaterial; gegen eine Gebühr kann man dort auch Zimmer reservieren. Bei der Reiseplanung hilft:

- **Niederländisches Büro für Tourismus & Convention (NBTC)**
  Richmodstraße 6, 50667 Köln,
  Tel. 02 21/ 92 04 21 85,
  www.holland.com/de
  (Es ist auch für Österreich und die Schweiz zuständig.)

INTERNET
In den Städten bieten viele Cafés, Kneipen sowie Hotels und Jugendherbergen kostenlose Internetzugänge und WiFi-Verbindungen an.

KINOS
Niederländische Kinos sind auch für ausländische Besucher interessant, denn die Filme werden fast immer im Original mit Untertiteln gezeigt. In den meisten Städten gibt es wöchentlich einen Kinotag mit ermäßigten Preisen.

MUSEEN
Wer mehrere Museen im Land besuchen will, sollte sich die preisgünstige Museumkaart besorgen (Erwachsene 59,95 €, unter 25-Jährige 27,50 € zzgl. Bearbeitungsgebühr von 4,95 €; Passbild nötig). Sie ist ein ganzes Kalenderjahr gültig und berechtigt zum freien Eintritt in mehr als 400 Museen (außer Sonderausstellungen). Erhältlich ist sie bei den VVV-Büros oder an den Museumskassen (www.museumkaart.nl, nur auf Niederländisch).

NOTFÄLLE
Landesweiter Notruf: Tel. 112.

ÖFFNUNGSZEITEN
- **Banken:** Mo–Fr 9–16 Uhr; Filialen größerer Bankhäuser in den Großstädten haben oft bis 17 Uhr geöffnet.
- **Geschäfte:** 8.30/9–18/18.30, Sa bis 16/17 und Mo ab 13 Uhr. Do oder Fr langer Abend *Koopavond* bis 21 Uhr.

Das Ladenschlussgesetz erlaubt längere Öffnungszeiten sowie den Verkauf an Sonntagen. Größere Geschäfte und Lebensmittelketten nutzen dies auch aus.

PARKEN/PARKHÄUSER
Alle Parkplätze in den Innenstädten sind gebührenpflichtig; den Berechtigungsschein zieht man aus einem der Parkautomaten. In Amsterdam kostet Parken in der Regel um die 5 €/Stunde, Tageskarten mindestens 30 €. Günstiger sind die in vielen Städten angebotenen Park & Ride-Plätze mit Anschluss an öffentliche Verkehrsmittel.

Das Bußgeld für eine Radklemme (wielklem) liegt bei mindestens 105 €, sie wird aber nur noch bei Langzeitpar-

💬 URLAUBSKASSE

• Tasse Kaffee	2,30 €
• Softdrink	2,20 €
• Glas Bier	2,50 €
• Stockbroodje (Sandwich)	3,80 €
• Kugel Eis	1,30 €
• Taxifahrt (Kurzstrecke)	16 €
• Mietwagen/Tag	ab 45 €
• 1l Superbenzin	ca. 1,61 €

kern angebracht und betrifft Touristen daher so gut wie nicht mehr. Sollte das Auto abgeschleppt worden sein, kann sich die Geldbuße auf mehr als 250 € erhöhen. Alle Bußgelder sind sofort zu bezahlen. Kreditkarten und Schecks werden akzeptiert. Infos zum abgeschleppten Auto unter: Stadstoezicht, Tel. 0 20/2 51 33 22.

POST (PTT)

Postämter sind mit roten Schildern PTT (Post-Telegraaf-Telefoon) gekennzeichnet und in der Regel Mo–Fr 8.30–17 Uhr, teils Sa vormittags, geöffnet. Postgebühren: Für Postkarten und den Normalbrief (bis 20 g) in EU-Länder und die Schweiz beträgt das Porto 1,45 €.

RAUCHEN

In der Öffentlichkeit und am Arbeitsplatz ist das Rauchen verboten. In Lokalen kann ein Raucherraum ausgewiesen sein, in dem aber kein Servicepersonal eingesetzt wird. Wer in öffentlichen Gebäuden und Verkehrsmitteln (Bahn, Bus, Taxi) inklusive aller Bahnhöfe nicht von seiner Zigarette lassen kann, wird auf spezielle Raucherzonen verwiesen.

SICHERHEIT

In größeren Städten, v. a. in Amsterdam und Rotterdam, treiben Taschen- und Trickdiebe ihr Unwesen. Die Zahl der Delikte mag sich in Grenzen halten, doch empfiehlt es sich besonders in Touristengebieten, Geldbörsen und Handtaschen sorgfältig im Auge zu behalten. Generell sollten Wertsachen nicht im Auto liegen bleiben. Bei Dunkelheit meidet man dunkle Gassen und Parks besser.

TAXI

Taxifahren ist teuer. Eine preiswerte Alternative (allerdings nur für Bahnreisende) ist das Taxi der Eisenbahn (Nederlandse Spoorwegen) > S. 25.

TELEFON/HANDY

Es gibt so gut wie keine der giftgrünen Telefonzellen mehr, die mit einer Telecard funktionieren.

Mobiltelefone funktionieren in den Niederlanden problemlos. Viele unterschiedliche Betreibergesellschaften liefern sich einen Tarifkampf, sodass die Gebühren häufig wechseln. Die Netzbetreiber KPN (www.kpn.nl), Vodafone (www.vodafone. nl), Telfort (www.telfort.nl) und T-mobile (www.t-mobile.nl) bieten günstige Prepaidkarten mit einem hohen Datenvolumen an. Niederländische Mobilfunknummern sind an der Vorwahl 06 zu erkennen (alle Betreiber).
Internationale Vorwahlnummern:
• Deutschland: 00 49
• Österreich: 00 43
• Schweiz: 00 41
• Niederlande: 00 31

TOILETTEN

Größere Kaufhäuser und Museen sind mit öffentlichen Toiletten ausgestattet. Die hygienischen Zustände sind in der Regel gut; ansonsten findet man bei Bedarf nur in Lokalen ein stilles Örtchen.

TRINKGELD

Wie überall freuen sich Kellner und Zimmermädchen über ein finanzielles Dankeschön. Restaurantrechnungen sollte man großzügig aufrunden. Taxifahrer erwarten ca. 10 % Trinkgeld.

ZOLLBESTIMMUNGEN

Für Reisende aus EU-Ländern ist die Ein- und Ausfuhr von Waren des persönlichen Gebrauchs sowie von höchstens 800 Zigaretten, 200 Zigarren, 90 l Wein und 10 l Spirituosen zollfrei.

Schweizer dürfen Waren bis maximal 300 CHF zollfrei ein- oder ausführen, zudem 200 Zigaretten oder 50 Zigarren, 50 ml Parfüm, 1 l Spirituosen über oder 2 l unter 22 Vol.-%.

REGISTER

Aardenburg 85
Afsluitdijk 108, 148
Aldfaers Erf Route 67
Alkmaar 9, **107**
Allingastate 67
Allingawier 67
Almere 39, **128**
Ameland 18, 38, 75
Amersfoort 130
Amstelveen 37, **56**
Amsterdam 8, 11, 13, 14, 15, 17, 19, 23, 24, 34, 35, 39, 40, 41, **46,** 149, 150, 151
• Anne Frank Huis 49
• Begijnhof 49
• Dam 48
• De Walletjes 8, 19, 49
• Hermitage Amsterdam 53
• Joods Historisch Museum 53
• Koninklijk Paleis 48
• Leidseplein 52
• Museum Ons lieve Heer op Solder 49
• Muziekgebouw/BIMhuis 50
• NEMO Science & Technology Museum 50
• Nieuwe Kerk 48
• Oude Kerk 49
• Rembrandthuis 54
• Rijksmuseum 16, 52
• Stedelijk Museum 52
• Tropenmuseum 52
• Van Gogh Museum 12, 52
• Vondelpark 52
• Westerkerk 48
Apeldoorn 37, 41, **122,** 150, 151
Apenheul 123
Appeltern 120, 150
Appingedam 63

Arcen 37, 103, 142
Arnhem 10, 24, 37, 120, 150

Batenburg 119
Beatrix der Niederlande 36, 41, 151
Bed & Breakfast 30
Beemster Polder 111
Bergen 42, **107,** 148
Bergen op Zoom **84,** 147
Blom, Piet 39, 93
Bolsward 66, 69
Bourtange 62
Breda **90,** 151
Bronckhorst 122
Brouwershaven 90
Buren 120, 151

Camping 31
Cuypers, Petrus Josephus Hubertus 39, 48, 65, 141

De Hoge Veluwe, Nationalpark 10, 37, 72, **123,** 150
Delft 9, 17, **95,** 147, 151
Delfzijl 63
Delta Expo **89,** 147
Deltaplan 36, **85,** 147
Den Haag 8, 15, 16, 23, 24, 34, 35, 40, 41, 42, **97,** 147, 149, 160
Den Helder 9, **108,** 148
De Stijl 16, 39, 93, 129
Deventer 42, **124,** 149
De Wiersse 37, 122, 150
Doesburg 121
Doesburg, Theo van 39
Dokkum 64
Domburg 87
Doorn 103, **130**
Dordrecht 90
Dreiländerpunkt (Drielandenpunt) 139

Dreischor 89
Drents Friese Wold, Nationalpark 73
Duinrell 12
Dwingelderveld, Nationalpark 59, **70**

Edam 112
Egmond aan Zee 106
Eindhoven 24, **143**
Eisinga, Eise 66
Elfstedentocht 69
Enkhuizen 109
Exmorra 67

Fahrradfahren 71
Ferienhäuser 31
Franeker **66,** 148
Freilichtmuseen 127

Giethoorn 59, **69**
Goes 87
Gogh, Vincent van 8, 10, 38, 123, 144
Golf 29
Gorinchem 91
Gouda 17, 41, **91**
Groningen 11, 24, 59, **61,** 148
Groote Peel, Nationalpark 143

Haarlem 38, 103, **104,** 148, 149
Hals, Frans 9, 38, 105
Harlingen 59, **66,** 148
Hasselt 126
Hattem 126
Heerlen 139
Helena Peel 143
Hertogenbosch (Den Bosch), s- **133,** 144
Het Loo 37, 103, **122,** 150, 151

Heusden 145
Hilversum 131
Hindeloopen 59, **68,** 69
Hoorn 110
Horst 143
Hostels 31
Hotels 30
Hulst 85

IJsselmeer 22, 58, 68, 83, 108, 110

Kampen **126,** 149
Kasteel De Haar 103
Kasteel Hoensbroek 139
Katwijk 72, 101
Keukenhof 101, **102,** 147, 150
Kinderdijk 91
Kollum 64
Königshaus 41
Koolhaas, Rem 39, 93
Kooning, Willem de 39

Lauwersmeer **64,** 148
Leeuwarden 10, 59, **65,** 69, 148, 151
Leiden 9, 37, **99,** 147, 150
Lelystad 127
Lemmer 59, **69**
Lisse 42, 102, 103
Lottum 143, 150

Maastricht 10, 13, 34, 38, 40, 41, 42, **135**
Marienveen 143
Marken 112
Medemblik 109
Meppel 59, **70,** 103
Middachten, Schloss **121,** 150
Middelburg 72, **86,** 147
Middenbeemster 112
Mondo Verde, Land- schaftspark 139

Mondriaan, Piet 39, 130
Muiden 131
Mulisch, Harry 70

Naarden 131
Neeltje Jans 89
Nijmegen 29, 118
Noordhollands Duin- reservaat **106,** 109, 148
Noordoostpolder 126
Noordwijk 72, 101, 103
Nuenen 144

Oisterwijk 145

Pieterburen 64, 148

Reiten 28
Rembrandt Harmenszoon van Rijn 8, 38, 52
Rietveld, Gerrit 16, 39, 129
Rijksmuseum Kröller- Müller 123
Roermond 141
Rotterdam 10, 11, 15, 23, 24, 34, 35, 39, 40, 41, **92,** 149
• Erasmusbrug 94
• Maritiem Museum Prins Hendrik 12, 93
• Markthal 10, 15, 93, 160
• Museum Boijmans van Beuningen 17, 93
• Oude Haven 93

Scheveningen 9, 14, 15, 40, 72, **98,** 160
Schiedam 16
Schiermonnikoog 1, 8, 38, **76**
Schlittschuhlaufen 69
Schokland 126
Schoorl 34
Sittard 140
Sluis 85

Sneek 13, 41, 59, **67,** 69
Stavoren 69

Terschelling 18, 59, 66, **75**
Texel 1, 8, 9, 10, 14, 37, **73,** 148
Thorn 140
Tuinen Mien Ruys 37
Twisk 109

Urk 127
Utrecht 11, 12, 16, 24, 34, 36, 38, 41, **129,** 149

Vaalser Berg 34, 139
Valkenburg aan de Geul 29, 42, **138**
Veenklooster 64
Veere 87
Venlo 24, **142**
Vermeer, Jan 8, 10, 15, 96
Vlieland 12, 66, **74,** 160
Vlissingen **85,** 147
Volendam 112

Wandern 28
Wassersport 28
Wellness 29
Wijk aan Zee **106,** 148
Willem Alexander, König 35, 36, 41, 151
Willem von Oranien, Prinz 36, 41, 151

Yerseke 13, 88

Zaanse Schans **56,** 127
Zandvoort 106
Zar-Peter-Haus 56
Zeist 130
Zierikzee **88,** 147
Zuid-Kennemerland, Nationalpark 106
Zutphen 42, **121,** 149
Zwolle **125,** 149

BILDNACHWEIS

Coverfoto Bäume neben Tulpenfeld © plainpicture/Fuercho
Fotos Umschlagrückseite Alamy/LifePics (links); Alamy/Dadfar, Kav (Mitte); Getty Images/EyeEm/Hoogeveen, Paul (rechts)

Alamy/Bildagentur-online/Schoening: 16; Alamy/Dadfar, Kav: 46; Alamy/Dutch Cities: 96; Alamy/French, Stephen. 77; Alamy/LifePics: 113; Alamy/Meijer, Henk: 68; Alamy/Panther Media GmbH: 14; Alamy/travelstock44: 55; Alamy/Viennaslide: 71; Alamy/Zoonar GmbH: 9; Chateauhotels/Van Sloun, Etienne: 138; Destilleerderij Clusius: 26; Fotolia/Lsantilli: 78; Fotolia/will trlroe-ulte: 30; Getty Images/EyeEm/Hoogeveen, Paul: 114; Huber Images/Armellin, Andrea: 18; Huber Images/Gräfenhain: 29, 67; Huber Images/Kremer, Susanne: 107; iStockphoto/Lingbeek-van Kranen, Klaas: 124; laif/Futh: 86; laif/Gonzalez, Miquel: 60, 88; laif/Hollandse Hoogte: 58; lookphotos/Merz, Brigitte. 93; Rössig, Wolfgang: 8; Schapowalow/Armellin, Andrea: 20/21, Schapowalow/Carassale, Matteo: 131; Schapowalow/Vaccarella, Luigi : 6/7; Shutterstock/Beugelink, Harry: 146; Shutterstock/Blok, Frans: 22; Shutterstock/Engbers, Hans: 120; Shutterstock/Havelar, Anton: 19; Shutterstock/Hoddenbagh, Laurens: 134; Shutterstock/Ijsselstein, Rob: 74; Shutterstock/ilolab: 133; Shutterstock/jorisvo: 100; Shutterstock/Kiev, Victor: 53, 95; Shutterstock/Koudenburg, Gerard: 15; Shutterstock/Paassen, Regien: 10; Shutterstock/Pecold: 132; Shutterstock/place-to-be: 13; Shutterstock/R.A.R. de Bruijn Holding BV: 119; Shutterstock/Steve Photography: 40; Shutterstock/TonyV3112: 25; Shutterstock/travelview: 57; Unsplash/Fregnan, Christian: 32/33; Unsplash/Hooidveld, Eddie: 102; Unsplash/Nepriakhina, Daria: 39; Unsplash/Vishwas, Katti: 44/45.

Liebe Leserin, lieber Leser,
wir freuen uns, dass Sie sich für diesen POLYGLOTT on tour entschieden haben.
Unsere Autorinnen und Autoren sind für Sie unterwegs und recherchieren sehr gründlich,
damit Sie mit aktuellen und zuverlässigen Informationen auf Reisen gehen können.
Dennoch lassen sich Fehler nie ganz ausschließen. Wir bitten Sie um Verständnis, dass der
Verlag dafür keine Haftung übernehmen kann.

Ihre Meinung ist uns wichtig. Bitte schreiben Sie uns:
GRÄFE UND UNZER VERLAG
Postfach 86 03 66, 81630 München, Tel. 0 89 / 419 819 41
www.polyglott.de

LESERSERVICE
polyglott@graefe-und-unzer.de
Tel. 0 800 / 72 37 33 33 (gebührenfrei in D, A, CH), Mo–Do 9–17 Uhr, Fr 9–16 Uhr

1. Auflage 2019

© 2019 GRÄFE UND UNZER VERLAG GmbH, München
Dieses Buch wurde auf chlorfrei gebleichtem Papier gedruckt.
ISBN 978-3-8464-0434-8

Bei Interesse an maßgeschneiderten B2B-Editionen:
gabriella.hoffmann@graefe-und-unzer.de

Bei Interesse an Anzeigen:
KV Kommunalverlag GmbH & Co. KG
Tel. 089/928 09 60
info@kommunal-verlag.de

Verlagsleitung: Grit Müller
Verlagsredaktion: Anne-Katrin Scheiter
Autor: Wolfgang Rössig
Redaktion: Renate Nöldeke
Bildredaktion: Katja Oweger
Mini-Dolmetscher: Langenscheidt
Umschlaggestaltung & Layout:
Independent Medien Design, München
Horst Moser (Artdirection), Lucie Heselich
Karten und Pläne: Theiss Heidolph
und Kunth Verlag GmbH & Co. KG
Satz: uteweber-grafikdesign
Herstellung: Anna Bäumner,
Gloria Schlayer
Druck und Bindung:
Printer Trento, Italien

PEFC
PEFC/18-31-506

GRÄFE
UND
UNZER

Ein Unternehmen der
GANSKE VERLAGSGRUPPE

MINI-DOLMETSCHER NIEDERLÄNDISCH

ALLGEMEINES

Guten Morgen.	Goedenmorgen. [chujəmorchə]
Guten Tag. (nachmittags)	Goedendag. [chujədach]
Hallo!	Hallo! [haloh]
Wie geht's?	Hoe gaat het? [hu‿chah‿tət]
Danke, gut.	Goed, dank u wel. [chutt, dang‿kü well]
Ich heiße …	Ik heet … [ig‿heht]
Auf Wiedersehen.	Tot ziens. [tottßinß]
heute	vandaag [fandach]
morgen	morgen [morchə]
gestern	gisteren [chißtərə]
vormittags	's morgens [ßmorchəß]
nachmittags	's middags [ßmiddachß]
Abend	avond [ahwənd]
Nacht	nacht [nacht]
Sprechen Sie Deutsch / Englisch?	Spreekt u Duits / Engels? [ßprehk‿tü döitß / engəlß]
Wie bitte?	Wat zegt u? [watt sechtü?]
Ich verstehe nicht.	Ik begrijp het niet. [ig bəchräip‿ət nit]
Sagen Sie es bitte noch mal.	Wilt u het alstublieft herhalen? [willtü‿ət aßtüblift härhahlə]
…, bitte	… alstublieft [aßtüblift]
Danke	Bedankt. [bədankt]
Keine Ursache.	Graag gedaan. [chrah‿chədahn]
was / wer / welcher	wat / wie / welke [watt / wih / wällkə]
wo / wohin	waar / waar naartoe [wahr / wahr nahrtu]
wie / wie viel	hoe / hoeveel [hu / huwehl]
wann / wie lange	wanneer / hoe lang [wannehr / hulang]
Wie heißt das?	Hoe heet dat? [hu het datt]
Wo ist …?	Waar is …? [wahr‿iß]
Können Sie mir helfen?	Kunt u mij alstublieft helpen? [könntü mäi aßtüblift hällpə]
ja	ja [jah]
nein	nee [neh]
Entschuldigen Sie.	Neemt u mij niet kwalijk. [nehmtü‿mäi nit kwahlək]
Das macht nichts.	Geeft niet. [chehft nit]
Wie komme ich zur Touristeninformation?	Hoe kom ik naar de V.V.V.? [hu kommig nahrdə weh-wehweh?]

SHOPPING

Wo gibt es …?	Waar kan ik … krijgen? [wahr kannig … kräichə]
Wie viel kostet das?	Hoeveel kost dat? [huwehl koßtat]
Haben Sie etwas Billigeres?	Hebt u iets goedkopers? [hepptü‿itß chuttkohpərß]
Geben Sie mir 100 g Käse / zwei Kilo Pfirsiche.	Geeft u mij een ons kaas / twee kilo perziken. [chehftü mäi ən onß kahß / tweh kiloh pärsikə]
Haben Sie deutsche Zeitungen?	Heeft u Duitse kranten? [hehftü döitßə kranntə]
Wo kann ich telefonieren / eine Telefonkarte kaufen?	Waar kan ik telefoneren / een telefoonkaart kopen? [wahr kannig telefohnehrə / ən telefohnkahrt kohpə]

ESSEN UND TRINKEN

Die Speisekarte, bitte.	De menukaart, alstublieft. [də mənükahrt aßtüblift]
Brot	brood [broht]
Kaffee	koffie [koffi]
Tee	thee [teh]
mit Milch / Zucker	met melk / suiker [mett melk / ßöikər]
Orangensaft	sinaasappelsap [ßinahßappəlßapp], jus d'orange [sehü doröseh]
Können Sie mir bitte noch … bringen?	Kunt u mij alstublieft nog … brengen? [könntü mäi aßtüblift noch … brängə]
Suppe	soep [ßup]
Fisch / Meeresfrüchte	vis / schaaldieren [wiß / ßchahldihrə]
Fleisch / Geflügel	vlees / gevogelte [wlehß / chəwohchəltə]
vegetarische Gerichte	vegetarische gerechten [wechetahrißə chərächtə]
Eier	eieren [äiərə]
Salat	salade [ßalahdə]
Dessert	dessert [däßährt]
Obst	fruit [fröit]
Eis	ijs [äiß]
Wein	wijn [wäin]
weiß / rot / rosé	wit / rood / rosé [witt / rohd / roßeh]
Bier	bier [bihr]
Mineralwasser	mineraalwater [mineralwahtər]
mit / ohne Kohlensäure	spa rood / blauw [ßpah rohd / blau]
Ich möchte bezahlen.	De rekening, alstublieft. [də rehkəning aßtüblift]

MEINE ENTDECKUNGEN

....

....

....

....

....

....

....

....

....

....

....

....

....

....

....

....

....

....

....

Teilen Sie Ihre Entdeckungen auf facebook.com/Polyglottreisewelt.

CHECKLISTE NIEDERLANDE

Nur da gewesen oder schon entdeckt?

☐ **ROMANTISCHE GRACHTENTOUREN**
Amsterdams Brücken und Hausfassaden erstrahlen am Abend im Licht unzähliger bunter Lämpchen. › S. 12

☐ **HOLLÄNDISCHES SUSHI**
Zarter junger Hering am Strand von Scheveningen – Mund auf, Genuss rein! › S. 14

☐ **ROTTERDAMS NEUE MARKTHALLE**
In der einem Fruchtbonbon ähnelnden, grellbunten Riesenröhre wird Shopping zu einem Avantgarde-Erlebnis. › S. 15

☐ **HOLLANDS SCHÖNSTER AUGENAUFSCHLAG**
Jan Vermeers »Mädchen mit dem Perlenohrring« aus dem 17. Jh. betört heutige Besucher des Mauritshuis in Den Haag mit seinem Blick. › S. 15

☐ **STRANDSEGELN**
Wenn auf Vlieland eine steife Brise weht, flitzen die wendigen Blokarts pfeilschnell über den breiten brettharten Strand der Watteninsel dahin. › S. 12

☐ **WILDWASSERFAHRT**
Mit dem Kanu geht es auf der ungezähmten Grenzmaas durch fast unberührte Limburger Natur. › S. 13

☐ **INDONESISCHE RIJSTAFEL**
Hollands leckerstes Erbe der Kolonialzeit: Viele, viele Tellerchen mit raffiniert gewürzten Spezialitäten der indonesischen Inselwelt schmecken am besten in großer Runde – dann ist die Auswahl am größten. › S. 13

💬 **MITBRINGSEL**

- **Dropjes:** eine Schachtel rabenschwarzer Lakritze – ein Stück Niederlande › S. 18
- **Tulpenzwiebeln:** niederländische Blüten- und Farbenpracht für heimische Gärten › S. 17